平塚らいてう

平塚らいてう

● 人と思想

小林　登美枝　著

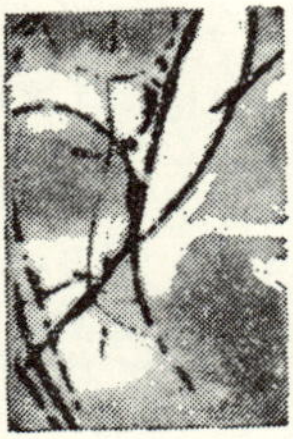

71

CenturyBooks　清水書院

平塚らいてうについて

一九七五年六月、メキシコでひらかれた国際婦人年世界会議本会議の席上、各国の君主、元首からのメッセージが披露された。このとき三木首相のメッセージを読み上げた藤田たき首席代表は、その冒頭でこんなふうに述べている。

「日本の古い神話において、太陽は女性の象徴でありました。しかし、日本が近代国家への歩みをはじめた二〇世紀初頭、わが国の著名な婦人解放運動家平塚らいてう氏は、次のように呼びかけました。

『元始、女性は太陽であった。今、女性は他の光によって輝く月である。私どもは隠されてしまった我が太陽を今や取り戻さねばならぬ』。

この言葉は、一九七五年の今も私たちを励ましています。」（「メキシコ会議の記録」現代史出版会編集部編）

史上初の国際婦人年のセレモニーの席上、日本の女性解放史上初の女権宣言といわれる「元始女性は太陽であった」（「青鞜《せいとう》」創刊の辞）の冒頭の言葉が、日本の政府代表団長によって世界の婦人たちに伝えられたことは、感慨深いものがある。かつての日、時の権力に睨《にら》まれていた「青鞜」であることを思えば、時代の変遷、歴史の発展がまざまざとしのばれるのである。

近代日本の女性の先駆者中島俊子、福田英子、矢島楫子《かじこ》、与謝野晶子らにつづいて、明治末年、女性文芸誌「青鞜」とともに世に現れた平塚らいてうは、日本の近代的婦人運動の先駆者として、女性史上に輝く存在である。明治・大正・昭和にわたる八五年におよぶ彼女の生涯の歩みを辿《たど》ることは、日本の婦人解放史をひもどくにひとしいと言えよう。

らいてうを盟主とする若い女性たちの手で、「青鞜」が発刊されたのは、一九一一（明治四四）年九月であった。創刊号の巻頭には、当代に盛名をうたわれている歌人与謝野晶子の「そぞろごと」と題する詩の断章が載っている。そこには人の度胆を抜くような壮大な譬喩《ひゆ》で女の新しい身じろぎが歌われていた。

山の動く日来《きた》る
かく伝へども人われを信ぜじ
山は姑《しばら》く眠りしのみ
その昔においで
山は皆火に燃えて動きしものを

されど、そは信ぜずともよし
人よ、ああ、唯これを信ぜよ
すべて眠りし女子《おなご》今ぞ目覚めて動くなる

晶子の巻頭詩の強力なパンチにつづいて、らいてう執筆の創刊の辞「元始女性は太陽であった」と題する、神話的とも宇宙的ともいうべき発想からはじまる一文が、世の女性に与えた衝撃は大きかった。


元始、女性は実に太陽であった。真正の人であった。

今、女性は月である。他に依って生き、他の光によって輝く、病人のやうな蒼白い顔の月である。

偖《さ》てここに「青鞜」は初声を上げた。

現代の日本の女性の頭脳と手によって始めて出来た「青鞜」は初声を上げた。

女性のなすことは今は只嘲《あざけ》りの笑を招くばかりである。

私はよく知ってゐる。嘲りの笑の下に隠れたる或ものを。


散文詩のような文体で書かれている一六頁におよぶ長文の中で、らいてうが主張していることの核心は、女性の人間復権の願いであった。明治の末年をむかえてなおつよく残る封建的家族制度、旧道徳にしばられている女性が、人間として自由に息づくことを許されない不条理にたいしての、痛烈な反逆の叫びであった。

「私共は隠されて仕舞った我が太陽を今や取戻さねばならぬ」「最早女性は月ではない。其日、女性は矢張り元始の太陽である。真正の人である」と、らいてうは女性の人間復権と独立を宣言する。

近代的な個の目ざめにもとづいて、「自我の解放」を唱え、「自我の確立」によって主体的に生きることをこのような表現で主張した女性は、らいてう以前にはなかった。「青鞜」発刊のマニフェストに見られるように、「個」の自覚を抑圧するものへのらいてうのやみがたい反発は、彼女の生涯を一貫する民主主義精神の発露にほかならなかった。

女性みずからの自覚にもとづき、女性自身が解放の主体となる視点が生まれるまでには、明治末年という時代の熟成を待たなければならなかった。その意味でらいてうは、日本の近代化の歴史の道程で、生まれるべくして生まれた〈時代の娘〉にほかならない。日本の女性の胸に、〈個我〉意識という近代の光を投げかけたらいてうは、今日言われるところの、女性の〈自立〉の心の原点を、最初にさし示した女性であった。その意味でらいてうは日本女性の覚醒史の上に、大きく位置づけられる存在といえよう。

「青鞜」創刊の辞のむすびにらいてうは、「烈しく欲求することは事実を産む最も確実な真原因である」としるしている。この強い確信と烈しいたたかいの意志をひそめた言葉の中には、つねに未知の困難を怖れず、新しい道を切りひらいて歩みつづけた平塚らいてうという稀有《けう》の個性の真価が、いちはやく宿っていた。

この言葉の通り、内発的な烈しい欲求にしたがって燃焼しつづけた、らいてうの長い生涯は一九七一年に終わりの日をむかえている。この先駆的な女性の人と思想から、今日私たちが学ぶべきものは実に多いのである。

＜いまなぜらいてうか？＞という視点のもとに、この本は入門書として書かれたものである。読者の方々がこの本を手引きとして、さらにらいてうに近づくために、らいてう自伝『元始、女性は太陽であった』(全四巻)を読破してくださることを、心から期待している。

目次

平塚らいてうについて……三

I　自我の形成期

幼年時代……一三

少女時代……二六

青春時代……三七

II　わが道への出発

塩原事件……五四

III　「青鞜」時代

「青鞜」の誕生……八二

「新しい女」のルーツ……一〇八

恋愛から共同生活へ……一三四

「青鞜」の終焉……一四五

Ⅳ　母性保護論争と新婦人協会

母性の苦悩からの出発……一五四
新婦人協会の活動……一六八

Ⅴ　平和と民主主義を求めて

新しいいぶきの中で……一九四
あとがき……二二〇
年　譜……二二五
参考文献……二三三
さくいん……二三四

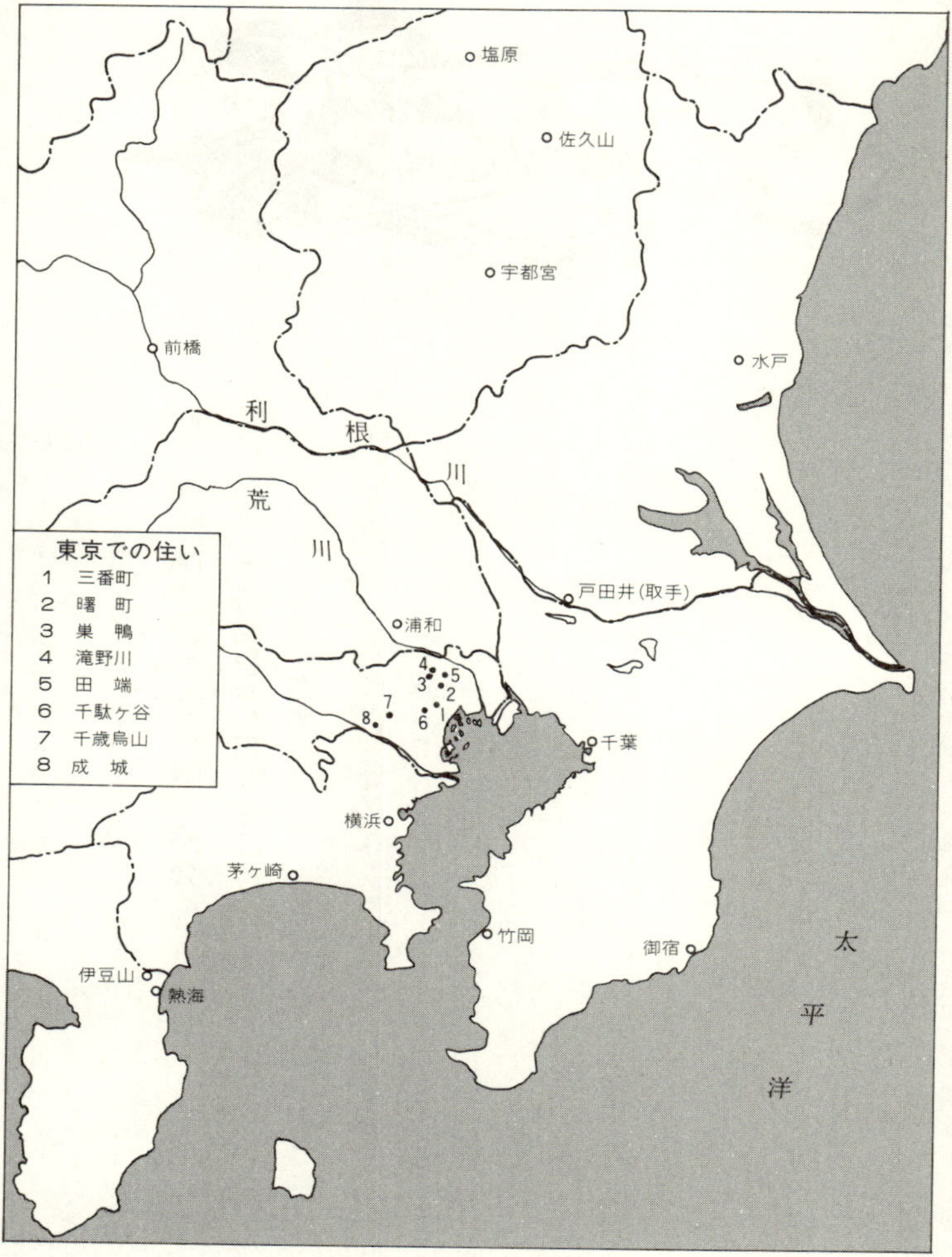

塩原
佐久山
宇都宮
前橋
水戸
利
根
川
荒
川
東京での住い
1 三番町
2 曙 町
3 巣 鴨
4 滝野川
5 田 端
6 千駄ヶ谷
7 千歳烏山
8 成 城
戸田井(取手)
浦和
千葉
横浜
茅ヶ崎
竹岡
御宿
伊豆山
熱海
太
平
洋

平塚らいてう関係地図

I

自我の形成期

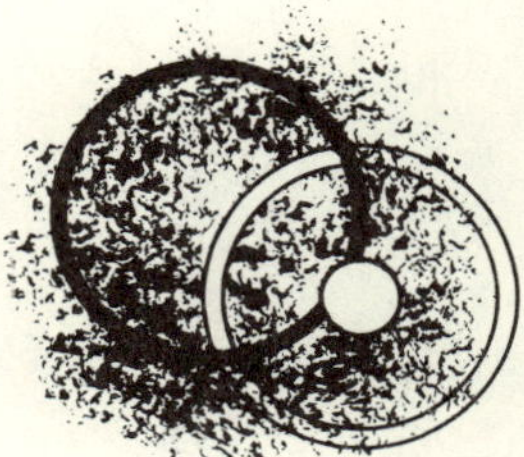

幼年時代

平塚らいてうの生涯を眺めるとき、もっともつよく印象づけられるのは、彼女が強烈な個性をつらぬいて生きた、その精神の強靱《きょうじん》さである。このような個性は、いったいどのような環境と時代背景から生まれたのだろうか。

強烈な個性のルーツ

一人のすぐれた人物について知ろうとするとき、まずその出生の周辺から探ることは一つのきまりになっている。らいてうの全生涯の中で、自我の形成期のもつ意味はたいへん大きいと思われる。

そこで幾分煩雑《はんざつ》になるとは思うが、後年のらいてうの思想と行動を生み出してゆく、その強烈な個性のルーツを、しばらく辿ってみることにする。

平塚らいてうは明治一九（一八八六）年二月一〇日、東京市麹町区三番町で、生まれた。父は明治政府の小壮官吏平塚定二郎、母は光沢《つや》。女ばかり三人生まれたその末娘は、明《はる》と名づけられた。のちの「らいてう」である。上に年子の姉がいて孝《たか》という。皇室尊崇の念厚い定二郎が、孝明天皇にちなんでつけた名前であった。長女は早くに夭折《ようせつ》している。

母と姉（左端）**と明**（らいてう）
明治21，22年頃

明は、物ごころつくころから、毎朝家中にひびきわたる定二郎の大声を耳にして育った。

定二郎の日課は、朝一番に身をきよめ、神棚に向かって、天孫降臨の詔勅と教育勅語を朗々と奉読することだった。この日課は定二郎の晩年まで続いたというが、いかに明治政府の官吏の家とはいえ、当時としてもあまり世間に例のないことであったろう。

定二郎の挙措《きょそ》のすべてが古武士のようだったと言われているが、もともと平塚家は紀州藩士として、三〇〇石取りの家柄であった。定二郎の父の平塚勘兵衛為忠《ためただ》の代に明治四年の廃藩置県に出あい、為忠は後妻の八重と息子定二郎、娘同《あい》をひきつれ、和歌山の地を捨て出京した。定二郎一四歳の明治五年のときである。和歌山の先祖伝来の屋敷には、平塚家の家付き娘であった先妻の産んだ長男と二人の娘を残し、裸一貫新天地を目ざしての上京であった。

藩士の子弟として、ひたすら武術と学問に励んでいた定二郎は、この境遇の激変の中でふるい立ち、苦学力行を重ねて自分の進路を切りひらいた。

世に立つ手段として彼はドイツ語をえらび、東京外国語学校に学んだが、父の重病に出あい学資に困って、卒業を前に中退しなければならなかった。卒業こそはしなかったが、人並すぐれた秀才の定二郎はドイツ語の特技によって参事院書記官となり、官界の階段を順調に登っていった。明が生まれた明治一九年には会計検査院に移り、翌二〇年渡辺会計検査院長に随行して、先進諸国の会計検査法調査のため、一年半に及ぶ欧米巡遊の旅に出た。

定二郎はこのときの旅でドイツ人の演説を、メモを一切とらず正確に通訳したという。彼はドイツ語や会計学に明るい有能な官吏だったばかりでなく、専門分野での著述も残している。『独逸語初歩』、『独逸文法階梯』、『会計法述義』、翻訳に『独逸為替法』、ブルンチェリー『国家論』(平田東助と共訳)、エーヘベルヒ『財政原論』(寺田勇吉と共訳)、ロッシェル『農業経済論』その他をたゆみなく著す努力家だった。のちに第一高等学校のドイツ語講師をも兼任している。定二郎の優秀な頭脳は、明にそのまま受けつがれている。

母の光沢は、徳川御三卿の田安家の奥医師をつとめた飯島家の出である。光沢の父の飯島芳庵は、維新前に訳あって奥医師を退き、町医師に降《くだ》っていたが暮し向きは裕福で、三人の娘に江戸前の遊芸を熱心に仕込んだ。末娘の光沢は早くから常磐津《ときわづ》の名取りとなり、踊りも三味線も芸事すべてに長《た》けていた。

だが定二郎はもの堅い官吏の家庭に、三味線の音がひびくのを嫌い、光沢に三味線をひくことをきびしく禁じた。定二郎は新時代の官吏の妻にふさわしい教養を身につけさせるため、光沢を英語の勉強に桜井女学校に通わせた。だがこれは長続きしなかった。そんな異国の言葉を学ぶことより、手先の器用な光沢にとっては、その後に一ッ橋の女子職業学校で学んだ洋裁・編物・刺繡《ししゅう》などの、新しい手仕事の習得がどれほど楽しかったかしれない。

数え年一七歳で定二郎と結婚した光沢は、姑や小姑に仕える日々の中で気苦労は多かったが、やさしい夫の愛に包まれて、幸せな若妻の生活を送っていた。

三番町の明の生まれた家は、和洋の部屋数八つほどの定二郎の持家である。定二郎夫婦と二人の女児、定二郎の母と妹、ほかに乳母と女中がいた。

小柄だが色白で細おもての美人の光沢は、とりわけ江戸前のすっきりした姿かたちが美しかった。いつも柔かい絹の着物のおひきずりで、片側黒繻子《しゅす》の昼夜帯をひっかけ結びにした光沢は、踊りできたえたきれいな身ごなしで家の中を動きまわり、家の中の整頓に気をくばっていた。応接間には花を絶やさず、子どもたちはもとより女中たちの身なりにも気をつかうというふうで、洋行帰りの〈官員〉の家庭にふさわしい、格調ある暮しを心がけている。

春の日のまどろみにも似た、穏やかな日々がこの幸福な一家の上を流れ過ぎていった。

三番町の家

世に「鹿鳴館時代」と呼ばれる欧化主義全盛の時代は、明治一六、七年から二〇年ころまでを指し、明治二二年の憲法発布を前にして、政府の欧化政策は急激に変化していった。三番町の平塚家は欧化全盛時代に建てた家で、応接間・書斎が洋間に作られてある。冬の日はストーブのある温かい書斎で、明と孝の幼い姉妹は父親から西洋の童話を話してもらう。床に敷きつめた花模様の絨毯《じゅうたん》の上に、揃いの服を着てすわる一歳違いの幼女二人は、ちょっと見ると双子のように見えるが、外見も性格もかなり異なっている姉妹である。

姉の孝は色白で見るからに女の子らしかったが、妹の明は色黒でどこか男の子っぽいところがある。孝は生まれつき明るくて向こう見ず、体も健康だった。明の方は赤ん坊のころいつまでも口をきかず、両親が心配したほどだったが、もの心ついてからも口の重い、引っ込み思案の用心深い子であった。体も弱くよく熱を出して寝込み、お八つのお菓子も全部食べられないほど、食の細い子であった。姉妹が口喧嘩をしても、いつも負けるのは明である。

だが、両親の愛は無言のうちにいつとなく、明の上に注がれていた。

「明が男の子だったらどんなによかったことか……」と、平塚家の人びとは男子の出生を待ちうけていた気持をそのまま、無口で沈着な末娘の明へ向ける。一つには、姉娘の孝が乳母に馴染みすぎて、母親のふところから遠ざかっていたこともある。

「両親の愛が私に集まっていることは、小さいうちからそれとなく分かっていた」と、らいてうが私に語ったことがある。このことは明の自我の形成の上で、かなり重要な意味合いをもっていると思われる。それにくらべて乳母育ちの孝は、成長につれて家の中で微妙な疎外感を意識してゆくようになる。のちにこの二人の姉妹の辿った人生を思うとき、二人の運命の岐路にあるものが、なにか肯《うな》づけるようである。

さて、平塚家は休日になると今いうところのレジャーを、一家そろって楽しむという生活を送った。上野の動物園、浅草の花屋敷、向島の百花園、小石川の植物園、団子坂の菊人形、飛鳥山の花見、滝野川のもみじなど、四季それぞれの行楽地に出かけてゆく。家の中で家族揃ってトランプ・スゴロク・五目並べ・将棋などをして遊ぶこともあった。現代のマイホーム風景なら珍しいことではないが、この当時の日本ではまだ見かけられない、家庭団欒《だんらん》の風景であった。

毎朝天孫降臨の詔勅を奉読する日課を欠かさない定二郎であったが、その家庭には近代の空気が流れていた。彼が一年半の欧米巡遊の経験をもつことと、ドイツ語を通して日ごろ西欧諸国の文化にふれていたことが、こうした新しさをもたらしたのだろう。

明は、明治二三年に数え年五歳で、富士見小学校付属富士見幼稚園に入った。一年先に入園している姉の孝といっしょに通ったが、洋服に靴、帽子という格好の子どもは、まだごく珍しかった。ひところは母の光沢も定二郎の外遊土産の洋服を着たことがあったが、いかに欧化政策を背景にした時代とはいえ、母と子が洋装するというのは、一般家庭の風俗とひどくかけはなれた、時代の先端をゆく姿であった。

食生活でも洋風の肉料理がよくつくられ、正月には型通りのおせち料理のほかに、洋風の料理とカクテルのたぐいの飲物がとくべつに作られた。定二郎は朝食にパンとチーズ、ときにはオートミールを食べるというふうで、日常の食生活の上でも当時の一般家庭には見られないハイカラぶりだった。

平塚家の暮しぶりが、いかに新しかったかを物語る挿話がある。のちに三番町から曙町へ引っ越してからのことだが、定二郎の役所の下僚があるとき平塚家を訪れた。この人にもてなしのお茶と菓子を出したが、そのお菓子というのがテーブルチョコレート、俗にいう棒チョコだった。

「どうぞおひとつお召し上がりください」と光沢がすすめると、その客人は銀紙ごとムシャムシャ食べはじめたので、光沢はおどろくやら、笑いを嚙み殺すやらで困ったという。チョコレートは一般にはまだ珍しいものだったから、その食べ方も知らない人が多かったのだろう。

ドイツ語の原書がぎっしり並ぶ書斎、ストーブで温めた快い洋間で、洋酒のグラスを手にする父親から外国の童話を聴き、あるときは家族そろってゲームに興じる——こんな家庭環境の中で、明はのびのびと育った。

幼い明の心に抑圧の影をおとすものはなにもなかった。明が無意識のうちにこうした近代的な家庭生活から受けた影響は、彼女の自我の形成にとって無視できない意味をもっている。

幼年時代から明にとっての唯一の抑圧といえば、母親から受ける行儀作法のきびしい躾《しつけ》であった。まだ幼いうちから二人の娘は、畳に手をついて挨拶《あいさつ》することを教えられた。来客に対する礼儀作法はことにやかましく、客が帰ったあとでお辞儀の仕方、挨拶のことばまでいちいち母親が批評する。

「女はかりそめにも人に不愉快な気持をあたえてはならない」という信条をもつ光沢は、二人の娘にみにくい動作振舞をすることを許さなかった。踊りできたえた美しい身ごなしの光沢は、娘たちにも幼女のうちからすっきりと垢《あか》ぬけした身ごなしを求めた。大きな口を開けて馬鹿笑いするようなことは、きびしく禁じられた。

のちに明は晩年まで、言いようもなく優雅な挙措の美しさをたたえられたが、それはまさに母親から幼くして躾けられたことのたまものであった。

劣等感と負けん気と

幼稚園に入り、初めての集団生活の仲間入りした明は、はにかみがつよくなにごとにつけ尻込みばかりしていた。楽しそうに遊んでいる子どもたちの間へ、自分からすすんで入ってゆくことは決してせず、ひとりぽつんとそれを眺めているというふうだった。それがけっして淋しいわけでなく、むしろ独り遊びを好んだ性癖は、このころから彼女の生涯を一貫する孤独癖として目立つようになる。

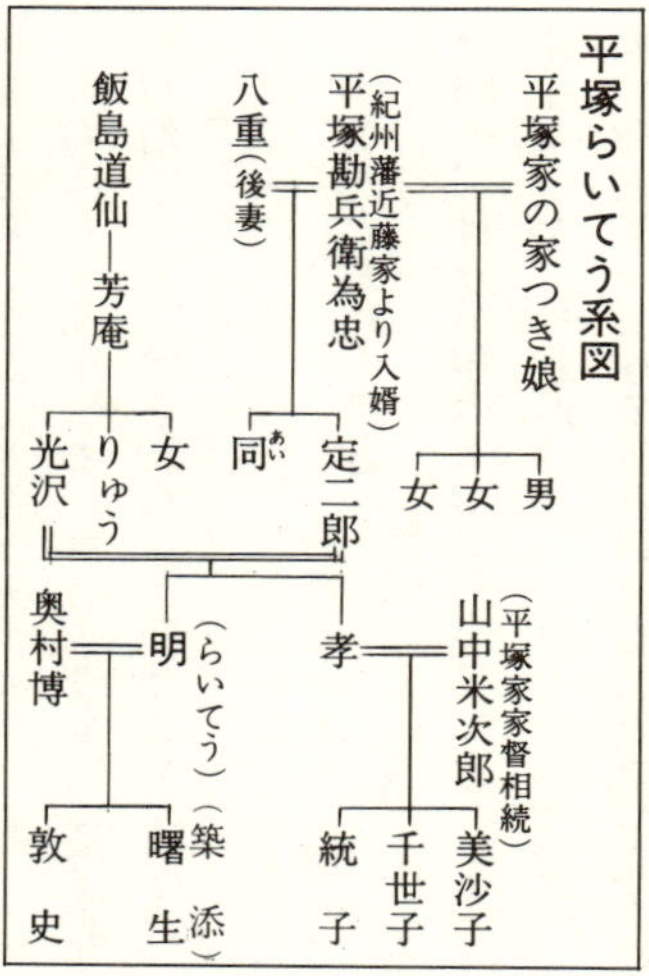

平塚らいてう系図

明が友だちの中にまじることより、独り遊びを好んだのは、一つには彼女が生まれつき大きな声が出せなかったことにもよるのだった。声帯の発達が不均等で声の幅が狭く、大きな声がどうしても出せなかった。だから唱歌はなにより苦手で、みんなで歌うことも、ひとりで歌わされることもいやでならなかったのであった。

声が人並みに自由に出ない憂欝感は、明の生涯につきまとうただ一つの劣等感として、彼女の胸の内側にいつもひそんでいた。声が思うように出なかったことは、のちの明の生き方の上で、ことに明が婦人運動に取り組む活動の上で、相当に重いハンデとなったことは想像にかたくないところである。

引っ込み思案で孤独を好む性格ではあったが、ただ気の弱い内気一方の子どもではなく、幼い時分から自己主張のはっきりした子であった。なにか気にいらないことがあると、「ハル公はもう口をきかないから……」と宣言して、いつまでもだんまりをきめこんだ。

明は生まれつき足が丈夫で、幼いときからよく歩いたが、家族そろっての外出どきに、道に立ちどまって歩かなくなることがあった。「もう歩くのをやめた」と言うと、金輪際《こんりんざい》歩こうとしないのだった。いったん心に思いきめたら、とことん自分の気持に従わずにはいられない、芯のつよい性格が早くから現れていた。

それにまた、口数の少ないおとなしい子ではあったが、身のこなしが敏捷《びんしょう》で、運動神経が発達していたから、かけっこ、縄とび、まりつき、お手玉などの遊びに長けていた。小柄な母親の体質をうけて明は小さいころから体格が劣っていたのに、のちに見られるようにテニスやバスケットボールなどのスポーツにも興味があって、なんでも手を出せば、かなりの腕前を示した。

「勝負事はなんでも好きだったわね」と明は語っていたが、それは家族でゲームに興じたことの影響もあろうが、勝ち負けをたたかうことにたいする、彼女自身の積極的な興味があったからにちがいなかった。それはまさに明の心の奥にある負けん気を示すものであった。人一倍おとなしい明の胸の中には、幼いうちから勝ち負けをあらそう負けじ魂がひそんでいたとみえる。

姉の孝と口喧嘩すればいつも言い負かされている明だったが、芯のつよさは姉にまさっていた。ふだんは無口で自己主張をしない明が、これと心にきめて自分の言い分、論理をつらぬく烈しさは、孝の及ぶところではなかった。あるときこんなことがあった。

祖母が二人の孫娘にぽっくりを買ってきたことがある。いつもはお揃いのものを買ってくるが、同じ品がなかったので別の物を買ってきたのだった。一つは足の高いぽっくりで赤い無地の鼻緒《はなお》、一つは足が低く赤の中に白い筋の入った鼻緒がすげられてある。

孝が当然のようにして高い方のぽっくりを取ると、明は自分がそれを取るのが当り前と言い張ってゆずろうとしなかった。彼女はぜひともそれを自分のものにしたかった。いつもなら姉の言うことに従う明が、このときは一歩もあとへ引こうとしない。

「赤い鼻緒の方が下の子に向いてるのよ。姉ちゃんは年が上なのだから白い筋が入っているのがいいのよ」という理屈をつけて、ついに頑張りぬいてしまった。

このエピソードには、彼女がのちに言うところの「烈しく欲求することは事実を産む最も確実な真原因である」(「青鞜」発刊の辞の末尾のことば)に見られるような、内発的な欲求にたいする妥協のない態度が、はやくも現れている。

一つには陽性の姉の孝にいつも押されて育ったことが、明の負けん気を培った一面もあるだろうが、彼女は生まれながらにつよい性格の持主であった。両親は明のうちに並の女の子とは違うものを見ていたので、「明が男の子ならよかったのに……」という嘆きも生まれたのであろう。

大日本帝国憲法と集会及政社法

明が生まれてから小学校入学ごろまでの幼年時代に、日本は欧化主義から国粋主義へと大きくカーブを切った。

明治二二(一八八九)年二月一一日、「大日本帝国憲法」が発布された。明が満三歳の誕生日を迎えた翌日である。

「大日本帝国憲法」の第一条には「大日本帝国ハ万世一系ノ天皇之ヲ統治ス」とるされてあり、国の主権者は天皇であり、国民は天皇の「臣民」として位置づけられた。第三条では「天皇ハ神聖ニシテ侵スヘカラス」と絶対化されている。そこには自由民権の思想はなんら反映されていなかった。数年前まで全国各地に燃えひろがっていた自由民権運動は、政府の弾圧と懐柔のために立ち消えとなり、自由民権運動がかかげていた「国会開設」「憲法発布」の要求は、まったく骨抜きとなって実現の日をむかえたのであった。

憲法発布を祝って東京の街は、奉祝《ほうしゅく》行列や奉祝門、イルミネーション、花火などの催しで沸き立った。だがまったく国民に秘密のうちにつくりあげられ、「欽定憲法」の名のもとに天皇から国民に授けられた憲法の内容について知る者はほとんどいなかった。

憲法といっしょに公布された「衆議院議員選挙法」は、選挙権をもつ者として、直接国税一五円以上を納める二五歳以上の男子、被選挙権をもつ者は同じく三〇歳以上の男子と制限した。女性の参政権はまったく無視されていた。

いうならば女性の無権利の出発点ともいえる憲法発布の日の、沸き立つ東京の街の風景が、明の生涯にとっての最初の記憶であったことは、のちの明の生き方と思い合わせて興深いものがある。

さらに言えば父の定二郎は、明治一五年に参事院入りをしてから、政府の法律顧問として活躍していたドイツのロエスレルについて法律を学び、憲法草案起草の仕事にもたずさわっている。明治二〇年五月から一年有余にわたる欧米巡遊の旅に出たのも、憲法発布に備えての各国会計検査院法の研究調査が目的だった。知らずして大日本帝国憲法とこうしたかかわりをもった明であったが、彼女が選んだ生き方は、この憲法体制への反逆の道であった。

憲法発布の翌年、明治二三（一八九〇）年という年は、その後半世紀以上にわたる日本女性の政治的不毛の出発点となった意味で、忘れることのできない年である。

この年七月に公布された「集会及政社法」によって、「女子は政談集会に会同すること」と「政社に加入すること」を禁じられた。それまでは女性の政治活動は自由であって、男女同権論に啓蒙された女性たちは、自由民権運動に共鳴して、演説会の壇上に立って熱弁をふるっていた。集会及政社法によって、女であるということだけで政治結社に入ることもできず、政治演説をすることも聞くこともできなくなり、違反すれば罰金刑というこの悪法は、やがて明治三三（一九〇〇）年の「治安警察法」に引きつがれてゆく。この悪法の撤廃は明治後期から大正・昭和期の婦人解放運動の当面の目標となった。大正期に明が展開した「新婦人協会」の運動がまず取り組んだのも、この悪法の改正運動であった。

明治二三年には憲法を教育の中に生かしてゆくため、「教育勅語」が発布された。これによって教育勅語体制といわれる教育の国家統制と、忠孝一本の倫理道徳を国民に植えつける国民思想の確立がはかられるが、それは明にとってもかかわりのあることであった。

前にも書いたように平塚家の朝の日課として定二郎は、「天孫降臨の詔勅」と「教育勅語」の奉読を欠かすことがなかったから、明は小学校へ入らないうちから、勅語を耳にしている。これは普通の子どもが小学校へいって初めて「教育勅語」を知ることとは、かなり違った体験であった。江戸育ちの母の光沢は、天皇の官吏の妻であるにもかかわらず、皇室尊崇の気持をもたず、「教育勅語」にもなんの関心も示さなかった。

少女時代

復古調の時代の中で

明治二五（一八九二）年、数え年七歳の明は富士見小学校へ入学した。このころから平塚家の生活は、国粋主義へと転換する時代の空気を映して、急激に復古調へと変わっていった。

欧化主義の時代に、いちはやく洋間をつくり、妻や子を洋装させたり、妻に英語や洋裁を習わせた定二郎は、時代の風向きとともに、日常の暮しぶりを復古一色へと変えていった。明治政府の官吏としての変わり身の早さである。洋間は畳敷きの和室となり、居間の襖紙には外国の名画の写真が貼ってあったのが、ありふれた襖紙に張り替えられた。居間には定二郎の外遊土産の半裸体の西洋美人の絵の額がかけられていたが、それをおろして「教育勅語」を平仮名まじりの草書で書き写した横額がかかげられた。

光沢はもう洋服を着なくなり、髪形も前髪をちぢれさせた束髪をやめて丸髷《まるまげ》を結い、かつての洋裁や編物に代わり、書道やお茶の稽古に通うようになった。明も孝ももう洋服は着ずに、紫矢絣《かすり》の着物に稚児髷《ちご》を結うという変わりようであった。

こうした変化はすべて定二郎の指図にもとづくもので、二月一〇日生まれの明の誕生日まで一日ずらして、翌一一日の紀元節の日に祝うようになった。

日清戦争が起こった明治二七(一八九四)年に、平塚家は麴町三番町から本郷駒込曙町へ移転した。この転居で明は、本郷西片町の誠之小学校へ転校した。小学三年のときである。富士見小学校でも明は一番の成績だったが、誠之へ移ってからも一番であった。だが唱歌は相変わらず苦手であるばかりか、声の出ない憂欝感はいよいよ明の胸にひろがってゆき、遊びたわむれる友達をみずから避けるような、孤独感をつのらせていった。

この時代の良家の子女は、なんらかの稽古事《けいこ》を身につけねばならず、箏曲《そうきょく》・茶道・生花などは最小限のたしなみとされていた。

明もまた母親の言いつけで琴の稽古に通わされたが、これほど厭《いや》なことはなかった。琴が嫌いなわけではないが、歌う段になると明はたまらなく厭な気分となる。幼稚園のころからはじめた琴の稽古は、けっきょく女学校の中ごろから怠け出して、中ゆるしをとったところで中断してしまった。

女学校時代にお茶の稽古もしているが、それほど身を入れてやったわけでなく、中途でやめている。お花はまったくやらなかった。この当時の娘として、これは珍しい例であった。姉の孝はひと通りの稽古事を身につけていたのにくらべ、明の気持の中には、いわゆる「女芸《じょげい》」に励むという意欲はなかったようである。

明は小学生のときに日清戦争、女子大生のときに日露戦争を経験しているが、日露戦争の印象は薄いのに、子どものころの日清戦争の記憶は鮮明に残っている。日清戦争から一〇年の歳月をへだてて起こった日露戦争にたいして、明はまったくといってよいほど無関心だった。女子大生の明は自己の内部に没入する生活の中で、国をあげての戦争さわぎをやりすごしている。

だが小学生の明にとって日清戦争は、かなりつよいさまざまの思い出を残す体験となった。明治二七年から二八年(一八九四〜九五)に日本が清国と朝鮮の支配をめぐって争った日清戦争とは何であったか、小学生の明は知らなかった。明が知っていたのは、勝利のたびの号外売りのけたたましい鈴の音や、大勝利を祝う提灯行列の人々の熱狂ぶりである。赤十字社看護婦の野戦病院での活躍が伝えられると、子どもたちは「看護婦ごっこ」の遊びに熱中した。

女の子たちは当時大流行した「婦人従軍歌」を歌いながら、担架をかついで行進する。

「火筒《ほづつ》のひびき遠ざかる、跡には虫も声立てず、吹立つ風はなまぐさく、くれない染めし草の色」――声高らかに歌う女の子たちを、明はじっと眺めるだけだった。声はり上げて歌うことのできない明の哀しみは、こんなときにもつきまとうのだった。

このころから、曙町の平塚家には軍服の来客が現れるようになった。定二郎は日清戦争講和後の明治二八年一一月に、臨時軍事費検査委員の任命をうけている。臨時軍事費の使途を会計検査院が調査するその役目を負ったわけである。日清戦争以後定二郎は軍事会計の実地調査にあたることが多くなり、海外へもしばしば出てゆくことになった。明は母や姉といっしょに新橋停車場へ、海外出張に出発する父親の見送りによく出かけている。

「戦後経営」の名のもとに、軍備拡張が飛躍的に進められてゆく時代の中で、定二郎は日本の軍国主義発展にひと役果たしてゆくのだが、明は家庭の父を知るだけであった。

「お茶の水」と女子教育

誠之小学校の尋常四年から高等科二年を修了した明は、明治三一（一八九八）年春、通称「お茶の水女学校」で通る、東京女子高等師範学校付属高等女学校に入学した。

晩年の父

文部省直属の官立女学校を選んだのは、定二郎の一存であった。このころの女学校は、東京には小石川竹早町の府立高女、華族女学校、私立の虎の門女学館、跡見女学校などのほか、キリスト教主義の女子学院、明治女学校、横浜のフェリス女学校などがあった。
「あのときもしわたしが明治女学校へ入っていたとしたら……」と、明がある感慨をこめた表情で私に語ったことがある。欧化主義の時代の波の中で明治一八（一八八五）年に創立された明治女学校は、自由で進歩的な教育を行うキリスト教主義の女学校であった。明治女学校ばかりでなく、他のキリスト教主義の女学校では、男女の平等、一夫一婦制、自主独立の精神、社会的関心などの近代的理念が教育の中にもりこまれていたが、官立の「お茶の水」は、国家主義的女子教育のモデル校の観があり、明はここで徹底した良妻賢母主義教育を受けている。

「あのころのお茶の水は非常に貴族的な学校だった。お茶の水と府立とでは持ちこまれる縁談が違っていた」と、明治三五年に府立第二高女へ入学した山川（青山）菊栄が私に語ったことがあった。上・中流の家庭の娘ばかりのこの学校は、生徒に「あそばせ」言葉のほかは使わせず、自分のことも「わたし」「あたし」は駄目で「わたくし」と言わなければならない。こうした女学校教育の痕跡か、後年の明の文章には「わたくし」が多く使われている。

「お茶の水」のクラスは付属小学校から上がってきた生徒と、よそから試験をうけて入学した生徒がいっしょになっていた。明はここでも唱歌をのぞいて不得意な課目はなく、成績はいつも一番か二番であった。とくに習字と裁縫が上手だった。

父の考えで明は自由課目の英語の授業を受けることができなかった。定二郎はかつて欧化主義の時代には、妻や妹にまで「女も英語ぐらい話せなければ……」といって英語を学ばせたことなど忘れたかのように、「女に英語は必要ない」と言う。一年先に「お茶の水」に入学していた姉の孝も、英語の授業は受けさせてもらえなかった。

女学校で正規の英語教育を受けなかったことは、あとあとまで明の英語の習得にとってマイナスとなった。英語を学ぶ生徒をよそに、英語をやらない生徒は裁縫の授業を受けることになっている。それは明の意志ではなく、父親の言いつけであった。「どうしても英語が学びたい——」と、明は姉と語らってようやく両親の許しを得て、学校外の個人教授で英語の手ほどきを受けるようになった。英語を自由にものにすることができなかったことは、幼時からキリスト教文化との接触の少なかった家庭環境とあわせて、明の思想形成に微妙に影響していたと思われる。

「お茶の水で五年間受けた教育ほど、形式的で索漠《さくばく》とした教育はないでしょうね」と明は、その当時を回想するとき、いつも師範教育への嫌悪感を示すのであった。内発的な意欲がまったく反映されない、封建的、儒教的な理念にもとづく良妻賢母主義教育への明の嫌悪は、このときから生涯にわたって消えることがなかった。

明が「お茶の水」に入った翌年の明治三二(一八九九)年に、女子中等教育整備のため高等女学校令が公布された。それによって四年制の公立高等女学校が全国各県に生まれてゆくことになったが、その教科内容は男子中等教育とちがって、女を良妻賢母のわくの中にとじこめるものであった。さまざまの「女徳」を教える「修身」をトップに、家庭生活に必要な実技、家事、裁縫、手芸、礼儀作法といった教科に重点が置かれ、知育は二の次となっている。

文部省の女子教育の指導理念が、国家主義に立つ良妻賢母主義のもとに押し進められたことは、欽定憲法、「教育勅語」の発布という、天皇制絶対主義の路線に沿うものだったが、それはまた明の「お茶の水」の入学の年に施行された「民法」を背後から支えるものであった。

民法はすでに明治二三年にいったん公布され、明治二六（一八九三）年から実施ときまっていたが、フランス法にもとづく民法典であったため、一夫一婦制といった近代的な家族法をふくんでいたので、国粋派の法律家たちは猛反対をした。このとき国家主義の立場から、東京帝大教授穂積《ほづみ》八束《つか》が「民法出でて忠孝亡ぶ」という反対論を書いたことは語り草となっている。こうしてついに旧民法は無期延期ということで葬られ、非民主的なドイツ法をとり入れた新民法の施行となった。

この民法の家族法は、社会の単位を「家」に置き、家父長の絶対的権限と、長男子家督相続制を柱として、母性の法的無能力と隷属の規程をもりこんだ、家本位の女性差別の家族法であった。

たとえば、二五歳以下の女性は、好きな相手ができて結婚したいと思っても、家父長の戸主権と親のもつ親権の二つによって監督されているので、自分の意志を通すことはできなかった。そして、どれほど熱烈な恋愛結婚であっても、結婚と同時に女性は法律上の無能力者となり、財産権もほとんどなくなった。離婚は戸主の同意が必要なので妻の側からはできず、妻の姦通は刑罰を受けるのに、夫は妾を幾人もっても姦通罪には問われず、あらゆる点で夫は妻より優位に立つように規程されている。封建時代の儒教道徳の「三従の教え」に、法律の衣を着せたような民法であった。

この法制化された家族制度にたいして、やがてのちの日に明は、もっとも痛烈な挑戦者となってゆくのである。

「海賊組」

晩年の明があるとき着物の袖をまくって、私に二の腕を示したことがある。
「今でもまだこんなに力瘤《こぶ》がもり上がるのよ。」
それははるか昔の女学生時代に熱中した、テニスの猛練習の名残りだった。細い二の腕にうす青い静脈を浮かせてもり上がる力瘤は、老女とは思われない力を見せていた。

明がテニスに熱中したことは、彼女の持ち前の負けん気がもたらしたものだった。彼女はテニスコートの上で、「お茶の水」生えぬきの上流の生徒たちと、気持の上で微妙に対立していた。明のように普通の小学校から試験を受けて入ってきた連中は、中流家庭の娘が多かったが、日ごろ上流組からなんとなく疎外感を味わわされることが多かった。そんなことから、テニスの上手な大柄な上流の娘たちにくらべ、小柄な明は互角な勝負はむつかしいのに、コートの上で闘志を燃やさずにはいられなかったのである。学業では競争心をもつ必要のないトップの明が、テニスに燃やした執念はたいへんなものだった。学校から家に帰ると、自分の部屋の雨戸を引いて、それに向かって球を打ちこむ練習をするというふうである。それはたんなる負けん気よりも、上流組への挑戦の意志をひそめた猛練習なのだった。

明の上流組や「お茶の水」教育にたいする反感は、友だちの選び方にも現れている。「お茶の水」

在学中にもっとも親しかったのは、小林郁という生徒だった。良妻賢母主義教育の権化のような担任の女教師からは、いつも目の敵にされている、茶目でいたずらっ気の多い娘である。

明のようなお嬢さん育ちでなく、苦労して育っているのに、天性の明るさと才気で人を惹きつける。温良貞淑の婦徳を第一とする「お茶の水」の校風とは正反対の性格の上に、いわゆる優等生タイプでもなかった。

だが、この小林郁から明はかなりの影響を受けている。明はよく自分の衝動的な行動を説明するのに、「いたずらっ気」という言葉を使ったが、それはまさしく茶目っ気たっぷりの小林郁からの影響である。

明と小林郁の結びつきを中心に、横浜市長の娘の市原次恵、東京音楽学校校長の娘の上原喜勢、バイオリンを習っている永田その——いずれも中流組の娘たちで、「お茶の水」の教育の枠の中にはまりきれない個性をもつ娘たちが、一つのグループをつくってゆく。

女をすべて一つの型に押しこめてゆく教育に、息詰りそうになっていた彼女たちは、胸の底に自由への憧れをひそめていた。そんな矢先に歴史の授業で聞いた「倭寇」の話は、壮大なロマンの世界を眺めるような感激を彼女たちに与えた。明はこの大胆不敵な海賊たちの、自由奔放な冒険生活にすっかり魅せられ、

「ねえ、わたしたちのグループの名前を『海賊組』とつけましょうよ」

と言い出した。海賊であろうと盗賊であろうと、かれらの大胆さが羨《うらや》ましかったのである。「海賊組」というおどろおどろしい命名を、茶目っ気まじりとはいいながら、明が言い出していることは、彼女が学校で受けている抑圧感への、無意識の反逆であったにちがいない。お下げ髪にリボンを結んだ少女たちは、この命名が大いに気に入り、心ひそかに海賊気取りでいつも一緒に行動した。

「一代の梟雄《きょうゆう》」といわれた星亭《ほしとおる》が、東京市議会の議場で刺殺されたときも、明が言い出して海賊組の仲間一同、池上本門寺にある星亭の墓に詣でている。星亭という政治家は今でいう「金権政治家」のはしりのような人物であったが、そんなことは知るよしもなく、また、知ったにせよどうでもいいことだった。星亭が奔放に思うままに生きぬいたその生き方が、型にはまった生き方しか許されない学校生活に喘《あえ》いでいる明には、たいそう価値あるもののように思われたのである。

海賊組　左から市原，らいてう，小林，永田

いつも一緒の行動をとる海賊組の級友たちも、さすがにこればかりは同調しようとしないことがあった。「修身」の授業をサボることである。明にとって「修身」ほど退屈で、無意味な授業はないのだった。修身の教科書には、さまざまの婦徳が説かれていた。松下禅尼の節倹の話、山内一豊の妻の話、楠正行の母の話、

に出ている。

日本武尊の妃、弟橘媛《おとたちばなひめ》が海に身を投げた話、袈裟御前が死んで貞操をまっとうした話なども沢山

修身科教育は、あらゆる教科の基本としてもっとも重要視されている課目だったが、明にはこの課目ほど馬鹿らしいものはないのだった。海賊組をつくったころから、明は修身の授業から逃げ出すようになった。修身の時間には教室から外に出ていったり、ときには家に帰ってしまったりした。今の高校生ならこのぐらいのことはやるだろうが、この当時に教育勅語の精神に基づく修身教育を拒否するという行為は、実に思いきった大胆な行動というほかない。

病院の最後のベッドで明は、私にこんなことを言っている。

「もしわたしが禅をやっていなかったら、ずいぶん、行動とは縁のない人間になっていたと思うのよ……。」

だが、明のこの述懐は、かならずしもその通りとは思われない。どんな場合にも内発的な欲求に衝き動かされて進む明の行動性は、修身の授業拒否に示されているように、すでに早くから現れていたのである。

海賊組をつくった翌年の明治三四（一九〇一）年、一五歳の明は二〇世紀の人となった。

青春時代

父への反発

明は容貌も気質も、父の定二郎によく似ていた。定二郎は明晰な頭脳の持主で、人一倍記憶力がよいばかりでなく、数理にも明るかった。明が女学校の課目の中で一番得意なのは数学であったことは、まさに父親ゆずりだった。定二郎は勝負事はなんでも好きで、室内ゲームはいつも家族ぐるみでやっていたが、百人一首だけは興味を示そうとしなかった。

彼は日本の古典や文学にはまったく関心がなかった。こうした定二郎の傾向は明に受けつがれていて、女学生のころから彼女には文学少女的な要素は見られなかった。情緒的なものより、倫理的、論理的なものに惹かれる傾向は、明の生涯に一貫している。

この似通った気質の仲のよい父と子の間に、避けがたい相克が起こるのは、女学校の終わりごろからであった。つまり明の自我がようやく目覚めはじめた時期である。いったん見ひらかれた目で眺めると、かつてはやさしい父親とばかり思って接していた人が、家の中の「絶対者」であったことを知るのだった。平塚家の人々の運命は、すべて父親の手中に握られていることに、明はいやおうなく気づいていった。

明治三四年に平塚家に一人の青年が新しい家族として加わることになった。定二郎の郷里の和歌山中学を、首席で卒業した秀才の山中米次郎という青年である。平塚家の家督を継ぐ婿養子として、長女の孝の夫となる人物だった。

この養子縁組みについて、肝心な孝の意思は、なにひとつ確められずにことが運ばれていった。孝はいきなり見も知らぬ許婚者を押しつけられた格好になったが、それは孝の心を二重に傷めつけるものであった。

孝にはまだ仄《ほの》かな恋ごころとはいえ、すでに意中の人がいたのである。親戚の息子で、当時平塚家に寄寓していた飯島道脩という。定二郎が面倒を見て外国語学校のドイツ語科に通っていた。なかなかの文学青年で知識も広く、文学好きの孝とは一つ屋根の下の暮しの中で、お互いに心を通わせる間柄となっていたのである。

若い二人のそうした気配を知った定二郎は、「間違いのないうちに……」ということで、道脩を平塚家から出してしまった。もの堅い官吏気質の定二郎にとって、文学好きな青年は、およそ頼りになるものではなかった。

明がこのときの父の処置について、批判的な目をもつようになるのは後のことだが、女学校の終わりから、明と定二郎との間には裂け目がはっきりしてくる。

「お茶の水」の卒業記念に、明は富士登山を計画した。このころ女性の富士登山者がボツボツ現れ、それが称讃的に新聞に伝えられていたことが、「わたしも登ってみたい――」という明の気持をかき立てる。日本一の麗峰富士を、自分の足で征服したいという、憧れと娘らしいヒロイズムが明の胸に育っていた。

ひとりひそかに登山の計画を練り上げ、五年生の夏休み前にいよいよ決行の直前になって父の許しを求めると、定二郎は一言のもとにそれを退けたのである。

「馬鹿な。そんなところは女や子どもの行くところじゃないよ。」

それは明に二の句をつがせないほど、つよい響きをもっていた。

〈なぜ女が行ってはいけないのでしょうか?〉明は胸いっぱいの抗弁のことばを、黙って涙とともに呑みこむほかはない。今の娘たちなら自分の納得できないことについて、親とどんなにでもやりあうことが出来るが、この当時の父と娘の間にそんなことは許されることでなかった。家族制度という法的な芯棒に支えられた家庭の中で、家長は絶対者として家族に君臨している。

このとき明は、親から受ける抑圧とともに、女であることが父親にさえもこんなに軽んじられる存在だということに、初めて気づいた。女が生まれながらに背負う差別の不条理が、こうして明の胸に烙印のあとのように刻みつけられた。

このころから明は、心の奥に父親への反抗の思いをひそめるようになった。

そのころ定二郎は役所の中の地位が上がり、その雰囲気にはいつとなく官僚臭が漂うようになってきた。そのことが明の気持をいっそう父親から遠去けるのだった。後年、明は自分にたいして好意的であった森鷗外について、「なんとなく官僚臭の見える風貌への抵抗があって、とうとう一度もお訪ねしないままだった」と私に語っている。こんなふうに父親に根ざした明の徹底的な官僚嫌いは、生涯変わることがなかった。

明治三六（一九〇三）年春、「お茶の水」を卒業して、日本女子大学家政科第三回生として入学したが、このときも父親の反対を受けている。

「女子大などへ入る必要はない。女学校へやっただけで親の義務は済んでいるのだ。女の子が学問するとかえって不幸になる。」

定二郎は明の願いを聞き入れようとしないが、明も一歩も退かない。女学校を出てからお茶や花の稽古事をしながら結婚の日を待つという、世間普通の娘の生き方は、思っても身ぶるいするほどである。このとき、父と娘の対立の仲立ちをしたのは、母親の光沢だった。妥協策として、明が望む英文科はいけないが、「家政科ならば……」という条件で、ようやく定二郎の許しが下りることになった。

期待と幻滅と

東京の目白台に創立されて間もない日本女子大学の校門をくぐった明は、大きな期待に胸躍らせる毎日を過ごすことになった。

明がどうしても父の反対を押し切ってまでも入学したいと願ったのは、女子大の創立者、初代校長の成瀬仁蔵の説く女子教育論に、大きな共鳴をおぼえたからだった。

成瀬は大阪の梅花女学校の教師から牧師となり、アメリカ留学のあと梅花女学校校長をつとめた人で、女子の大学設置を畢生《ひっせい》の念願として大車輪の奔走の末、ついにそれを実現させた信念の教育者である。彼の著書『女子教育』の中に説かれてある女子教育の理念は、一、女子を人として教育すること、二、女子を婦人として教育すること、三、女子を国民として教育すること——三つの方針に集約されている。

明がとくに心惹かれたのは、「女子を人として教育すること」という第一番目の柱であった。女子を「人間」として見る観点は、明の受けた良妻賢母主義教育の中には、まったく欠けている。女が人間であるという自覚さえもつことを阻まれていた女学校生活に息詰る思いでいた明は、新しい女子教育の理念を説く成瀬校長の熱烈な心酔者となっていった。

「自主・自治・独創」という大学生活の根本方針も、「お茶の水」の押しつけと詰めこみだけの他律的な教育にうちひしがれていた明の胸に、魂の甦《よみがえ》るようなよろこびを与えた。

ことに成瀬校長が新入生を集めて週一回行う「実践倫理」の時間は、その日が待ち遠しいほど感激の連続であった。

実践倫理は、成瀬の女子教育への理想とその世界観、人生観をごったまぜにした講義で、いわば女子大生の精神的支柱となるものであった。成瀬の熱心な心酔者たちは、「成瀬宗」と呼ばれるほど校長の指導理念に打ち込んでいる。明もその一人となって、寮生活を中心にした女子大の学園生活に積極的に馴染むため、二年のはじめに寮に入った。

自分から進んで入った寮生活の中で、やがて明はどうしようもない疑問と幻滅を覚えるようになった。もともと孤独を好む明の性格が、寮生活に適しないことはわかっていたが、それ以上に苦痛なのは、会合につぶされる時間があまりにも多いことだった。クラスの会、縦《たて》の会、横の会、寮の会、家族会（寮と寮との交流）といった会合に忠実に出席していたら、勉強の時間はまったくなくなってしまう。しかし集まりに出ないとリーダー役の上級生から「共同奉仕の精神が足りない、利己的だ」と非難される。

「自学、自習」「自発、創成」という建学の精神をよそに、そもそも静かに勉強するゆとりなどないのだった。そこにはまた「お茶の水」とはタイプの違う、リーダーたちの押しつけ指導が幅を利かせている。

とくに明がつよい反発を覚えたのは、家政科最上級生で、家政科全体のリーダーとして活躍する井上秀子であった。やがて女子大同窓会桜楓会の理事長となり、のちに女子大四代目校長として手腕をふるったやり手である。

その命令的で、干渉がましい態度がやりきれないのだった。だが井上もまた、寮生活の中で自分のリーダーシップに素直に従わない、異端者の明を注意人物としてマークするようになった。後年の「塩原事件」によって明は女子大同窓会から除名処分を受けるが、その遠因はすでにこの頃から生まれていたのであった。

学生があまりにも勉強しないことへの批判、押しつけ一方のリーダーたちへの反発が深まるのに加えて、明はあれほど心酔していた成瀬校長にも失望をおぼえるようになっていった。成瀬の講義に魂の糧を得る思いであった明にとって、それは辛いことだったが、いったん見ひらかれた批判の眼は、もう閉じることができない。

創立間もないその頃の女子大には、「学校の大事なお客様」という人々がしばしばやって来た。創立の功労者、後援者たちで、いずれも政・財界の知名人である。そんなときは家政科の学生がてんやわんやの騒ぎで料理やお菓子を作ってもてなすきまりになっていた。常日ごろ成瀬校長は、最大級の感謝のことばを講話の中で口にしているが、それに加えてその接待に学生が駆り出されることが、明には納得できなかった。

ことに皇室からわずかのご下賜金があったときには、校長が一大事件が起こったかのように全校学生に報告する。無上の光栄とばかり繰り返し説いてやまない成瀬の長い講話にはうんざりした。毎日家の中で皇室尊崇の念厚い父親の姿に接しているので、「もう沢山です。あっさり切り上げてください」と、叫び出したい気持をようやくこらえた。

また、あれほど感激した成瀬の女子教育の方針についても、やがてそれが新しい型の良妻賢母主義教育にほかならないと明は思うようになった。ことに明治三七（一九〇四）年二月に日露戦争が起こると、成瀬は女子教育の三本柱のうち、「国民」ということを強調するようになった。「女子を人として教育すること」よりも、「国民として教育すること」に重心が移ったかのようだった。個人としての女子は、国民としての女子の背後に押しやられている。女性の「個」が、またしてもそれ自体の存在が稀薄となるような、教育方針のもとに置かれてゆくことに、明は堪えがたい不満を覚えるようになった。

魂の遍歴　つねに自分の内部の声に耳を傾け、自己に忠実であろうとする明が、女子大の学生として調和のある生き方が求められなかったのは当然であった。

彼女はいつとなく自分が、学園の中の異端者として孤立していることに気づいていく。学園生活に満たされない明の心は、青春期特有の魂の渇きと相まって、猛烈な読書欲をよび起こしていった。

明は肉体的にも精神的にもいわゆる早熟なタイプではなかったから、この時分までの読書歴はまだごく貧しかった。家の中にも明の読書欲を刺戟するような書物はなかった。平塚家は紀州藩士として古い家柄ではあったが、祖父の代に裸一貫で東京へ出てきているから、漢籍や草双紙のたぐいも家になかった。

同じ「お茶の水」に学んだ姉の孝のほうは、女学生のころから文学好きで、美文調の文章を書いたり、「帝国文学」などを読んだりしてなかなかの読書家だったが、明は文学的なものには少しも惹かれなかった。文学的なものより学問的なもの、感情的なものよりも理論的なもの、思索的なものを好む傾向が早くから芽生えている。女学生の終わりごろには、宗教的なもの、哲学的なものへと関心の重点が置かれてゆくが、この性向は生涯を一貫して変わることがなかった。

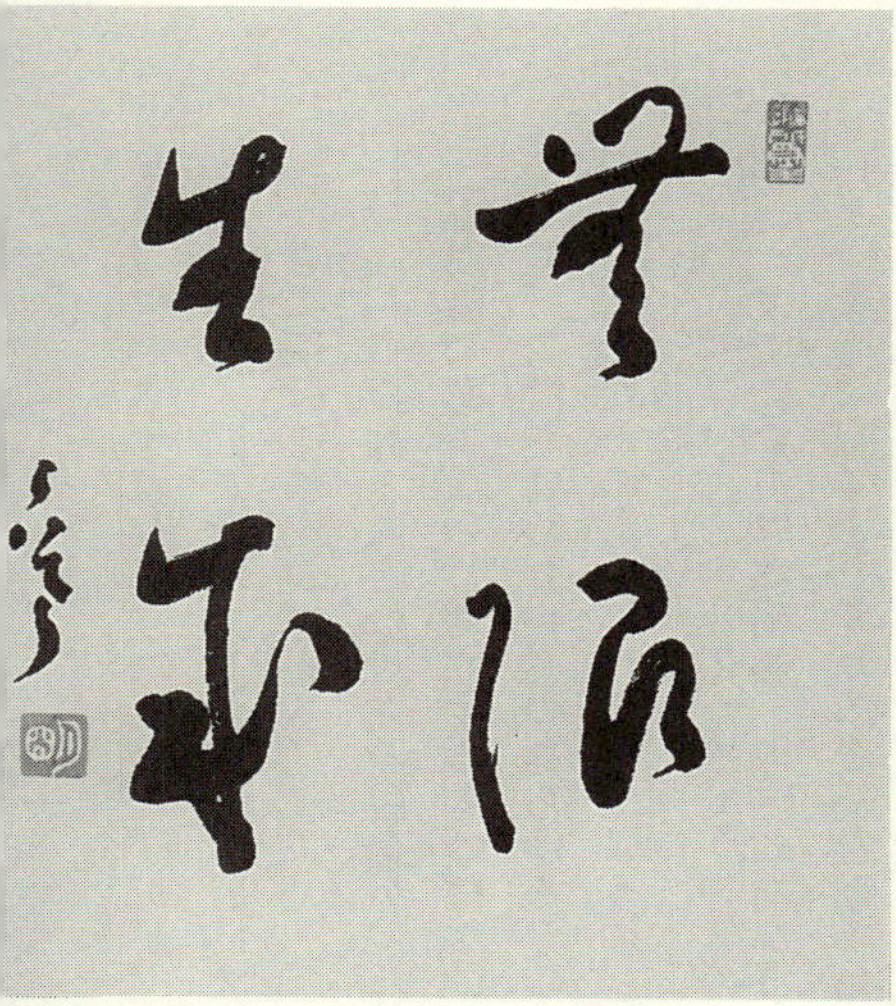

らいてう自筆の色紙「無限生成」

こうした明の性向に火を点じたのは、なんといっても成瀬校長に違いなかった。成瀬の宗教的な人格の影響が、明の内部に神と人間への模索の契機をもたらしたことは疑いない。

「神とは何か、我とは何か、真理とは何か、人はいかに生きるべきか」――明は存在の不安に身をもむようにして、書物の中になにものかを探り求めようとした。

最初、キリスト教関係の書物を読み、教会にも出かけた。本郷教会の機関誌「新人」、ユニテリアン教会の機関誌「六合雑誌」、内村鑑三の「聖書の研究」なども毎号欠かさず読むようになった。だが、キリスト教によっては明は救われなかった。

神と人間とを対立した関係に置いて、神は超越した絶対者、人は罪の子、罪のかたまりと見ることに明は不満をおぼえる。

「この神と人との対立の観念が、わたくしにはどうも不満でした。神がほんとうの神であり、絶対者であるなら、対立するものはないはずではないか。神は超越的なものでなく、この宇宙の内部に、人間を含めた自然のあらゆるものの根底に存在するもので、われわれはみんな、この神なる絶対者のなかにあるのだというように、このころのわたくしは頭で考えていた。」(『元始、女性は太陽であった』上)

すでにここには明が「禅」に向かう心の下地があったと思われる。

教会に行くとしきりに洗礼を勧められるが、「神を見ないでなぜ信ずることができようか――」と、明はキリスト教によってはじめて知った神の観念を求めてさまよい、ドイツの観念哲学にも取り組んでみた。ヘーゲル、スピノザ、ショウペンハウアー、オイケン、ニーチェなどの訳書、紹介書をむさぼり読んで、自分の納得できる神を見つけようとした。

だが哲学も明に満足を与えてはくれず、わずかにヘーゲルの絶対的理念に心惹かれるていどであった。

そのころ、成瀬校長は「実践倫理」の講義の中で、当時の思想界、哲学界の主流だった実証哲学をしきりに説いていた。

近代哲学の祖といわれるデカルトの「我思う、故に我は存在す」の有名なことばの解説からはじまった講話は、コントの実証哲学、ジェイムズのプラグマティズムへと展開していった。経験的事実を重んじ、事実や現象の中に不変的な関係や一貫した法則を明らかにしようとする実証主義にたいして、明は魂の満足が得られない。

それに加えて、成瀬が「形而上学的時代は去った」と説くと、すぐそれを浅薄に理解して、実際生活に直接利益のない知識を排する空気が、学園内に支配的となったことも、明の不満と反発を増幅させる。家政科の学生たちは自分たちこそ、新時代を担う実際的な人間だと胸をはる風潮の中で、明はそれに背を向けヘーゲルやニーチェ関係の書物を平然と読んでいた。

成瀬校長の説く実証主義やプラグマティズムの哲学を至上命令とする学園の中で、明はたちまち危険思想の持主として、上級生のリーダーたちから睨《にら》まれることになった。寮監の井上秀子に呼ばれて叱られたこともある。

だが人からなんと言われようと、そんなことは気にもならない明である。いまや彼女にとっての最大の関心事は、自己の内部世界をどう築き上げるかということのみである。

既成の物差しや枠内におさまりきれない明の性情は、「お茶の水」時代にすでにその芽生えを見たが、彼女が歩いてゆくことになるアウトサイダーへの道は、こうしていよいよはっきりしてきたのである。

禅との出会い

自己の存在を追求して、精神の荒野をさまよう明の上に、やがて一条の光明の射しこむ機会がおとずれた。探し求める神との出会いは、意外な方向にそのときを迎えることになる。

神の存在証明を哲学の中に求めようとしていた誤りを、彼女は知ったのである。そのきっかけとなったのは、海老名弾正《だんじょう》牧師の本郷教会の機関誌「新人」で読んだ、綱島梁川《りょうせん》の「予が見神の実験」と題する宗教的体験記であった。明治三八（一九〇五）年、女子大三年生の春のことである。

当時綱島梁川の宗教的評論や随想は、世の一部の青年層に大きな影響を与えていたが、この文章は彼が死の二年前に、病床でしるした宗教的体験記である。「予は如是に神を見たり、如是に神に会へり……我即神となりたる也。感謝す、予はこの驚絶《きょうぜつ》、駭絶《がいぜつ》の意識をば、直接に、端的に、神より得たり」というような書き方で、自分自身が神を見たその意識体験を、感激をもってしるしている。

「予はわが深き至情の宮居にわが神在《いま》しぬと感じて幾たびか其光明に心跳りけむ、吾が見たる神は、最早さきの因襲的偶像又は抽象的理想にはあらざりし也。」

神は抽象的な観念の世界に求めるべきでなく、自分の内部生活に深く沈潜することによって、はじめて相まみえることができるのだという綱島梁川のことばは、明の観念の彷徨《ほうこう》に終止符を打たせるきっかけとなった。

神の観念でなくて、実在の神に会うのでなければ、自分の求める真の安心立命は得られない。そして神とは、自己そのものだと知るとき、自己の内部にひそむ実在の神へ到達する内観の道を、どこに探ればよいのか？

そのころの明は病気を理由に、厭でならなかった寮生活から自宅通学にきりかえていた。あるとき用があって寮を訪れたとき、家政科同級生の木村政子の机の上にある「禅海一瀾」という和綴木版刷りの本が目に入った。著者は、鎌倉円覚寺の初代管長で明治禅界の巨匠といわれる今北洪川《こうせん》老師であった。

女子大生と禅の本の取り合わせの珍しさに、明はその本を手にとってなんとなく頁をめくるうちに、ふと、こんな語句の上に目が釘づけにされた。

「大道求于心《だいどうはこころにもとめよ》。勿求宇外《そとにもとむることなかれ》。我心体之妙用《わがしんたいのみょうゆうは》。直我大道也《ただちにわがだいどうなり》。」

「大道を外にもとめてはいけない、心にもとめよ」という教えこそ、あきらかに内観の道を指し示すことばなのだ。

木村政子は禅門の修行をして、すでに見性《けんしょう》もし、大姉号をもらっていることを知った明は、禅の内観法でゆこうと決心した。木村が言うところの見性こそ、梁川の見神と同じ意識体験にちがいないと、その道を明は木村の手引きで、遮二無二《しゃにむに》進むことになった。

明治三八（一九〇五）年一九歳の初夏、明は日暮里《にっぽり》の田んぼの中にある禅の道場「両忘庵」に通いはじめた。迷いも悟りも二つながら忘れるという この両忘庵の庵主は、釈宗活という三〇代の青年僧で、鎌倉円覚寺の二代管長釈宗演老師の法嗣、すでに師家《しけ》として知られた人である。

明は宗活老師を師家として、早朝の両忘庵通いをはじめた。降っても照っても本郷曙町から日暮里まで歩いて通うのだが、秋から冬の季節は提灯で道を照らしながら、歩くときは歩き禅、寝るときは寝禅という常行三昧の修行がはじまる。宗活老師から最初にもらった公案は「父母未生以前の自己本来の面目」という課題であった。

なにかの力に押されるようにして、明はひたすらに求道の道をもとめつづける。公案はなかなか解けなかったが、明は坐禅の形が美しいといつも褒《ほ》められていた。日常の折目正しい作法から生まれるきれいな身ごなしが、坐禅の形にも現れるのだった。

その年も暮れて翌明治三九年の春の卒業期を迎えたが、明の頭の中にあるのは禅の修行のことばかり、学校のことも級友のこともまったく関心外である。「注意人物」の烙印を背にしたまま、明は女子大家政科第三回生として校門を去ることになる。

明がようやく見性を許されたのは、卒業した年の七月だった。「慧薫《えくん》」という安名《あんみょう》を宗活老師から授けられた。見性に到達するのに、「頓悟《とんご》」といってにわかに悟りをひらく場合もあるというが、西洋哲学を頭の中いっぱい詰めこんでいた明は、ほぼ一年をかけてようやく第一関門を通りぬけたのである。

見性体験とはどういうものなのか？　明はこんなふうにしるしている。「これはわたくしにとっては、まさしく第二の誕生でした。わたくしは生まれかわったのでした。第一の誕生は、わたくし自身は知らないわたくしの肉体の誕生でしたが、第二のこの誕生は、わたくし自身の努力による、内観を通して、意識の最下層の深みから生まれ出た真実の自分、本当の自分なのでした。」「どの道をどのように通ったのか、終日歩いて、足の疲れなどはおろかなこと、自分のからだの存在も忘れて歩いていました。『心身一如』とか『心身脱落』とかいうような禅書の言葉が、嘘でないことがよくわかりました。お釈迦さまが、天上天下唯我独尊といわれたことも、大言壮語でもなんでもなく、体験的な真理であることがわかりました。」（『元始、女性は太陽であった』上）

明の自我の形成は、禅の見性によって一つの頂点を迎えることになった。明の生涯にとって、禅との出会いの意味は大きかったのである。

Ⅱ　わが道への出発

塩原事件

早春の接吻

禅による回心をしたあとの明は、身も心も軽がるとした、最高潮の生命力をみなぎらせて、ひきつづき禅の修行に励む一方、英語学校、二松学舎に通って、英語と漢文の学力の不足を補うことにつとめた。英語は最初麴町の女子英学塾（今の津田塾大）に入ったが、この学校の堅苦しい学風に、明はどうも馴染めなかった。日本最初の女子留学生として、八歳でアメリカに渡った津田梅子を校長にいただくこの学校の、きびしい一方の授業は、すでに大人の世界に足を踏み入れている明にとって、なにか子どもっぽい感じがする。

欠席・遅刻・早退などやかましい規則で縛られている割りに、教科書の中味は内容のないものばかり……といった不満が嵩じてくると、ここでもまた明の生来の反逆心が首をもたげてくる。昼の休み時間や授業の合間に、彼女は教室で煙草を平然とくゆらした。女がキセルできざみ煙草を喫う習慣はあっても、良家の子女が巻煙草を人前で手にするようなことはなかった時代、まわりの学生はさぞおどろいたことだろう。

女子英学塾は当時でも入学が難しいことで通っていた学校であったが、明はせっかくこの学校へパスしながら、一年足らずでやめてしまった。代わりに入学したのが、飯田町仲坂下の成美女子英語学校である。

ユニヴァサリスト教会付属の学校で、美しいステンドグラスを使った教会の建物の中の、いくつもの小部屋が教室に使われていた。生田長江《いくたちょうこう》・相馬御風など、大学を出たばかりの若い文学者が、テキストに『若きウェルテルの悩み』、ラムの『シェークスピア物語』、ディッケンズの『クリケット』、テニソンの『イノック－アーデン』などを使って授業をするが、女子英学塾とは反対になにもかも自由な学校であった。

明にはその自由さが気に入ったが、語学の習得にはなんの役にもたたないお嬢さん学校である。けれども彼女がこの学校を選んだことは、その生涯に少なからぬ意味をもつことになる。彼女の生涯の体験として残ることになる二人の男性との出会いは、この成美女子英語学校を抜きにして考えることはできない。

見性いらい明は、これまでまったく興味のなかった外国の小説を読むようになり、ことに成美女子英語学校のテキストに使われている『若きウェルテルの悩み』は、一語一語嚙みしめるようにして熟読した。

ウェルテルが人妻となったシャルロッテへの恋慕の情にたえかねて、ついに死を決して最後の別れのため、ロッテのもとを訪ねる。

現在の海禅寺

抑えきれない激情にかられたウェルテルはロッテを抱きしめ、われを忘れて接吻してしまう——。ゲーテの描くこの禁じられた恋のロマンチシズムに、明の心はうちふるえるのだった。

このころの明は、成美女子英語学校へ通うかたわら、禅の修行のため浅草松葉町の海禅寺へ出入りするようになっていた。海禅寺は臨済宗の名刹《めいさつ》だったが、当時は荒れ寺となっていた。その寺の復興のため鎌倉の円覚寺から、中原秀嶽という青年僧が派遣されていた。

みちのく出身の飾りけのない人柄に加えて、禅僧らしい機鋒《きほう》をひそめた話しぶりや態度に、明はいつとなく好意を抱きはじめていた。

明治四〇（一九〇七）年の早春のある夜、明は自分からこの秀嶽に接吻するようなことをしでかしたのである。

その日明は海禅寺の一室で、ひとり心ゆくまで坐禅して、ふと気づくと夜の八時を過ぎたころとなっていた。さすがにあわてて立ち上がり、真っ暗な寺の中を通りぬけて、秀嶽の居室までやって来た。秀嶽はまめまめしく手燭の灯をともして、明を出口まで見送ってくれた。その秀嶽の唇に、明は軽く接吻してしまった。

そのときの自分の気持を、「深い意味もなく、ちょっと挨拶のつもりでやった」とのちに明は言っている。坐禅の無我の三昧境《ざんまいきょう》がつづいているような気分であったとはいえ、そんな行為をした明の意識下には、西洋文学に触発された若い女性の感情がたたえられていたにちがいない。といっても、並みの女性よりはるかにおくての明は、性的な衝動にかられてやったわけではないから、自分の気持の上ではしごくあっさり割り切っていた。

だが秀嶽にとって、不意打ちの接吻の衝撃は大きかった。秀嶽はひたむきな情熱を傾けて、明に結婚を迫った。明がたじたじとなって、「結婚する気持はない」と言うと、「それでは人を翻弄《ほんろう》したのか」と猛然と怒るというふうで、明は接吻事件のあと始末にふり回されることになった。

この窮状を救ってくれたのは、木村政子であった。明といっしょに海禅寺へ出入りしていた彼女は、秀嶽とも親しい間柄である。世なれた木村政子のとりなしで、秀嶽はようやく明との結婚をあきらめてゆく。けれどもこのときから秀嶽は、遊蕩《ゆうとう》の味をおぼえるようになった。

けれども、明と秀嶽はやはり目に見えない絆で結ばれていたもののようだ。このときから三年後に結ばれる二人のことは、あとでふれることにする。

閨秀文学会と森田草平

成美女子英語学校で教師をつとめていた生田長江は、明治三九（一九〇六）年に東京帝国大学哲学科を卒業したばかりの新進気鋭の文学者であった。彼は、女性の文章にたいへん興味をもっていて、女性の文学熱を育てる目的で、成美女子英語学校の中に、「閨秀《けいしゅう》文学会」と名づける文学講座を、課外講座としてひらいた。

一週一回土曜の午後にひらく講座には、外からの参加者もあって、二、三〇名の若い女性が集まったが、その中にはのちの山川（当時は青山）菊栄もまじっていた。

講師陣は生田をはじめ、与謝野晶子、森田草平、馬場孤蝶《こちょう》、戸川秋骨、平田禿木《とくぼく》、島崎藤村ら、いずれも「新詩社」に近い人々である。生田は親しい友人の森田草平を、この会のメンバーに引き入れた。生田と森田は第一高等学校、東京帝国大学ともに同期の間柄である。森田は一高時代から与謝野夫妻の新詩社へ出入りする一方、夏目漱石の門下生として、創作に志す青年であった。

生田は見るからに取り澄《すま》した、紳士的な印象を与える人物だったが、森田は生田と対蹠《たいしょ》的に隙だらけの人柄で、それがかえって愛嬌になっているという人物である。古代ギリシア劇の講義を受けもっていたが、色白な丸顔をいつも恥ずかしげにうつ向けて、まるでひとり言でもいうようにポツリポツリと講義する様子には憎めないものがあった。

閨秀文学会は明治四〇年五月半ばからはじまり、七月の夏休みのあと自然消滅状態となったが、この年の冬ごく小規模な会として、講師も生田長江と森田草平の二人きりで再開されることになった。

このとき生田の勧めで回覧雑誌をつくることになり、明は生まれてはじめての小説を書くことになった。「愛の末日」という題の小説のストーリーはこんなふうである。

女子大を出た自意識のつよい女主人公が、恋愛の相手にたいして、不満をもつようになる。彼女は自分にとって満足できないこの恋愛を清算しようとするが、相手の男は別れようとしない。だが女主人公はあくまでも自分の意思に従って、愛人をふり棄てて、信州の女学校の教師となって任地へ赴任してゆく。彼女は納得できない相手との結婚を選ぶより、職業を選んでひとり旅立ってゆく――。

のちに明はこの小説を、まったくの想像で書いたと言っている。

けれども私が明の没後に手にしたメモによると、まるまる想像の産物ではなかった。

メモにはこう書かれてあった。

「『愛の末日』――見性後、俄《にわか》に読みだした小説からと、それと初恋といえば初恋の経験があんなものを書かせたのであろう。秀嶽師とのてんまつが伏線にある。」

このときの回覧雑誌が失われているので、残念ながらこの小説を読むことはできないが、そこにはやくも明の生涯をつらぬく生き方の萌芽が現れていることは注目すべきである。自分が自分の運命の主人公として生きること――つまり自分が自分の生き方を選択するという、「新しい女」のタイプが描かれているのだ。

「愛の末日」のヒロインが、信州の女学校へ赴任してゆくという設定は、お茶の水時代の親友の小林郁が、このころ松本の県立高等女学校の教師になって働いていたことが、明の心に影響を与えたものにちがいない。家から離れられない自分にくらべ、自立して暮しを立てている友人への羨望《せんぼう》の思いが、明に職業婦人を描かせたと見られる。

恵まれたお嬢さん生活の中で暮してはいても、さすがに明は将来の自分の生活設計について考えるようになっていた。親のふところから夫の庇護の下へという、世間普通の女の生き方を拒もうとすれば、いずれは家から独立して生活の糧を自分で稼ぎ出さなければならない――。どういう仕事を選んだものかと思案の末に、明は女子大三年のときに速記を習い、実地に役立つまでになっていた。自立ということを観念的に考えているだけでなく、その経済的裏づけについても、明は現実的な心構えをもっていたのである。

それはともあれ、この明の生まれて初めての小説「愛の末日」は、思いがけないドラマの発端となった。これを読んだ森田草平から、ずっしりと重い一通の手紙が明のもとに届いたのである。閨秀文学会では講義を聴くだけで、言葉を交したこともない草平からの手紙を、明は不審な思いで手にした。

毛筆の流れるような達筆で巻紙にしたためられた手紙には、明の小説の批評、というより、讃美に近いことばが、流麗な文章でしるされてあった。それは秀嶽が巻紙に書きなぐりの大きな文字で書いてよこす恋文とちがい、いかにも作家らしい筆づかいの手紙である。

その行間には、彼がいまあきらかに明のとりこになっていることの、告白が読みとれた。明はにわかに草平への興味をかきたてられ、即座に返事を書き送った。青春のアバンチュールのはじまりである。

明は草平の身辺についてなにも知らなかったが、このとき草平には一児を産ませている妻が郷里にいた。東京にはまた別に、当時の下宿先本郷丸山福山町四番地の伊藤ハルの娘の岩田さくという踊りの師匠とも深い仲になっていた。

早くから花柳界の女とも馴染んだことのある、女性遍歴ゆたかな男であった。その草平にとって、明という女性はいまだ出会ったことのない未知のタイプの、目映いばかり輝かしい女人像と映ったのである。

憧れのヒロイン

当時にあっては、女子大に学ぶことさえ、ほとんど稀有のことだったが、そのあとさらに漢文や英語の勉強をつづけ、西欧文学にも興味を示すというこの良家の令嬢は、あまつさえ気品高い美貌と、すぐれて優雅な身ごなしで、ひときわ目立つ存在だった。

やや浅黒い面長の顔には、化粧のあとはまったくなく、お召《めし》などの上質の着物は着ていても、いつも地味な色柄のものばかりだった。はでやかに人目を惹くところはみじんもないのに、その全体像には、男女をとわず人を惹きつける不思議な魅力がひそんでいる。

草平はこのような明に、西欧文学の憧れのヒロインたち、近代女性の面影を描いて熱中せずにいられなかった。

草平が「愛の末日」の長い批評の手紙を明に送ったのは、明治四一（一九〇八）年一月二四日だったが、二月一日には草平と明は初めてのデートをしている。

この日二人は甲武線（いまの中央線）で終点の中野駅までゆき、日の傾くころまで田園風景の中を足の向くまま歩きまわった。ふたたび甲武電車で牛込まで引き返し、九段の西洋料理店富士見軒で夕食をとった。このとき二人は初めて唇を合せた。

やがて二人は電車で上野へ向かい、上野公園の暗い杜の中へ歩み入った。朝の九時から夜の九時まで、一二時間もの長い時間を二人だけで過ごしながら、まだ別れがたい気持で石のベンチに肩をよせ合って、二人は腰掛けたままだった。

明は草平という未知数の男への興味に惹かれて、一日の行動を共にした。なんの警戒心ももたなかったのは、草平の弱い性格を見ぬいていて、心の底でたかを括《くく》る気持があったからだった。明には草平の胸の奥をつかみたいという好奇心があった。草平がおっかなびっくりの態度で、自分から夢中になるというのではなく、明を観察しようとしていることが、明にはもの足りなく思われた。明はむしろ、秀嶽のような直情な男の情熱を期待していたのである。

草平は石のベンチから立ち上がって、凍てついた地面の上に、ズボンの膝を折って跪《ひざまず》く格好で明の袴《はかま》の裾《すそ》に接吻するかと思うと、彼女の片手に接吻したり、指先を軽く嚙んでみたりするのだった。そんな外国小説の一場面でも見るような、物真似めいた求愛の態度の生ぬるさに、明の気持は爆発した。

明は草平の胸にとびかかって彼を励ました。

「そんな真似ごとみたいなことはいやです。遠慮せずもっとしっかりやってください。」

それは明の真実の声にちがいなかった。見性後の心身の高度に充実した状態にある明は、余裕しゃくしゃくではあっても、全力あげてぶつかっていた。草平がこしらえものじみた出方をすることが、腹立たしかったのである。

草平は初めから明に押され気味のところへ、猛然とこんなふうに逆襲されて、びっくりしてしまった。のちに草平は、このときの明との一件を、『煤煙』という題名の小説に書いているが、彼が明という女性をどれほど理解し得たかは、出発点から疑わしかった。それでも草平は『煤煙』の中で、こんなふうに言っている。

「こんなに自我の強い、飽迄《あくまで》自分自身の生きる道を歩まねば止まぬ女が、空想の中なら知らぬこと、呼吸《いき》をする現実の世界にあるだろうか。」

そのあまりにも未知の女性像に向かって草平は突進してゆくが、それは掛けちがったボタンが、最後までちぐはぐのように、どこまでいってもぴたりと重なり合わない関係に終始したのである。

あるとき私は明にこんな質問をしたことがある。

「あのとき森田草平がもっとひたむきに、純粋な情熱でぶつかってきたら、二人の間は恋愛に発展する可能性がありましたか?」

「それをあの人に望むことは無理でしょうよ。」

言下に明は否定している。

世に『煤煙』事件」(明は塩原事件と呼んでいる)といわれる二人の奇怪な関係が、人々に不可解な印象を与えているのは、沸騰点に達しない生煮えの情熱のせいかもしれないのである。この事件をときわめつきのキーーワードは、はじめから無かったのだった。

草平の筋書

草平が明に惹かれたことの背後には、多分に彼の作家的野心がひそんでいた。当時彼は漱石門下に身を置いて、文壇に登場するチャンスを狙っていた。世に出るためには、いまだ誰も書いてない目新しい作品を産み出さねばならない。そんなところへ、小説のモデルとしてうってつけの、明という女性が現れたのである。明との出会いを、千載一遇《せんざいいちぐう》のチャンスとして、なんとしても世間をおどろかすような作品を世に問いたい、と草平は考えたにちがいなかった。

草平は自分の文学的ファンタジーを、イタリアの作家ダヌンチオの作品『死の勝利』を下敷きとして描いてゆこうとした。南欧の情熱的な愛に生きる男女が、葛藤《かっとう》のはてに耽美的な死の破局を迎えるこの小説のヒロイン、イポリタに明をなぞらえ、自分の文学的虚構の世界を築き上げようとしたのだった。

「女はすべて死の瞬間が最も美しい。わたくしはあなたを殺す。わたくしは芸術家だ、わたくしは最も美しいあなたの最後の瞬間を見なければならない」——草平は手紙の中にこんなことを書きつらねるようになった。

会って話をしているときも、ドストエフスキーの『罪と罰』の主人公ラスコリニコフの話をして、自分も明を殺してからあと生きのびて、「シベリヤか樺太の監獄で、最後まで自分の心の変化を見とどけたい。それが芸術家の態度というものだ」などと、唐突なことを言い出すようになった。

草平が思いつめた表情で、「殺す」ということばをしばしば口にするのを、明はほとんど聞き流していた。そんなことは草平の文学的空想としか思われず、自分もいっしょになって相手のこしらえた「お話」の筋書きに乗ってゆくような気持でいたのだった。雪の塩原山中へ、〈殺される〉ために出かけていったのも、相手の注文どおりに動くつもりでやったことだった。

それは明にとっても興味のあるドラマだったが、それにしても草平に対して、そこまでつき合う気持にさせたものは、何だったのだろうか。

明は私にこんなふうに語っている。

「見性後の高揚した気分でいたから、生死は日常茶飯事と考えていた。そのことで慌てることはなかったわね。でも、森田先生に惹かれていたのは確かなこと。あとあとまでずいぶんなんだかだとやっていたのだから……。

生活には困らないし、暇はあるし、エネルギーは溢れているし、見性したあと自分の当面さしあたり集中する課題はもってなかったから、向こうの筋書通りにこちらはついて行った。それほどご機嫌をとっていたということでしょう。たしかに青春期の一つの冒険だったわね。」

こんなふうに卒直に言っているように、明は草平書下ろしのドラマのヒロインになることを、ためらいはしなかった。

「会わないでいられないというほど、好きな人ではなかった」と明は言っているが、明が草平につよく惹かれていたことは疑いないところである。たとえそれが恋愛感情とは異質なものであったにしても、明の青春の血はこのとき生まれて初めてたぎったにちがいなかった。自分の求める〈愛〉の実態に迫ろうとする、明のひたむきさを見落とすことはできない。これを、野心的な文学青年と禅かぶれの令嬢の遊びとばかりは言えないものがある。

雪の塩原へ

こうして三月二一日夜、二人はしめし会わせて田端駅に近い休み茶屋で落ち会い、西那須野へと向かう車中の人となった。明にとっては、覚悟の死出の旅路である。初めてのデートの日から、まだ五〇日も過ぎていなかった。

この日、明は家を出る前に自分の部屋をきれいに片付け、日記や古い原稿、手紙などを大きな風呂敷包みにまとめて、近所の俥宿《くるまやど》から木村政子の家へ届けさせた。自分の家で焼けば家人に怪しまれるので、木村に焼却してもらうためだった。

身辺の整理をしたあと明は、母親の簞笥《たんす》の中から秘蔵の懐剣をひそかに持ち出した。黒革の鞘《さや》に燻銀《いぶしぎん》の装飾のあるすばらしいもので、母親が結婚祝いに主家の田安家から拝領した品である。その懐剣で草平に殺させようということだった。自殺のための刃物を持ち出すというならともかく、自分を殺すための凶器を、当の本人が持参するというのは、いささか出来すぎた話のようだが、明にしてみれば真剣そのものであった。

出発前のひととき、明は白磁の香炉に線香を立て、最後の坐禅をした。無念無想のすがすがしい境地の中で、自分がいま死を選ぼうとしていることに、なんの恐れもおぼえなかった。死を選ぶのが自分自身であるかぎり、死はあくまでも自分の所有物である。死は自分が主体的に選びとった自己完結であって、「生」が自分に属する権利であるように、「死」もまた自分に属する権利なのだと思う。

明は、遺書のつもりで、自分の生涯を総括することばを書き残した。

「我生涯の体系を貫徹す、われは我が Cause によって斃れしなり、他人の犯す所にあらず。」

壮烈なまでにきびしい明の自己信頼が窺《うかが》えることばである。

木村政子あての手紙（焼却依頼の荷物の中に入れた）には、こんなふうに認めてある。

「拝啓、我が最後の筆蹟に候。今日学校に行きませんと申せしは、実は死すとの事に候。

願はくば君と共ならざるを許せ。君は知り給うべし、余は決して恋の為人の為に死するものにあらず。自己を貫かんが為なり。自己のシステムを全うせんがためなり。孤独の旅路なり。天下余を知る者は君一人なり。余が二十年の生涯は勝利なり。君安んぜよ。而して万事を許せ。さらば。」

こんな遺書を残して、平たいことばで言えば男と駆け落ちし、あまつさえそれが死の旅路であったとは、おどろくほかない明の自我の強靭さである。

雪山の男女のドラマ

西那須野駅から奥塩原の湯の宿へ、そして山奥の峠へと、二人は死に場所を求めて足を運んだ。

雪に埋もれた山道は、膝を没する登り坂となって、息苦しさは一足ごとに増してゆく。肥り気味の草平の躰は、ともすれば深い雪の中に倒れこみそうになり、喘《あえ》ぎながらようやく明のあとについて登っていった。

坐禅の修行で腹式呼吸を会得している明は、息をととのえながら進むので、深い雪路がそれほどこたえなかった。夕暮れが近づくとともに草平は疲労困憊《こんぱい》の極限に達した。明がいくら手を貸して引っぱっても、彼は雪の中に腰をおとしたまま、立ち上がる気力を失ってしまった。「死」は、いまや草平を追いつめ、彼の上に迫るかのようである。たとえ文学的虚構からはじまったこととはいえ、草平に殺人者の役割を果たす力が、残っているにずはないのだった。

「僕はとても意気地のない人間だ。人を殺すことなどできない。あなたなら殺せるかと思ったが駄目だ。愛してもくれないあなたを殺すことはできない——。」

草平は明から手渡されていた懐剣を、目の前の谷底目がけて投げ捨てた。

森田草平

どたん場に来て草平は、「僕を愛してもいない人を殺せない」と言った。彼はそれまでにも、「一度くらい『愛している』と言えないのか」と、明に迫っている。だが明の方でも、草平が真実の恋愛感情を示しているとは思えない。沸騰点のない生煮えの男女のドラマは、急転直下、大詰めを迎えることになる。

草平は雪の上にすわりこんで、自分は弱い人間だということを誇張して訴えつづけ、「もうこうなれば金のあるうちだけ生きて野たれ死にするほかない」と、夢から正気にかえった人間のように、ひどく現実的なことを言い出す始末だった。彼が明の前に、これほどありのままの姿を見せたのは、これが最初だった。草平は破れた自分を知るのである。

雪の上にうずくまったまま、動かなくなった草平を擁して明は、山の中で夜を明かす決心をした。途中元気づけのつもりからウイスキーの壜《びん》をしきりと口にあてていた草平は、酔いが回るととにうとうとと眠りそうになって、凍死の危険さえ出てきた。明はいまや、草平の「死」を恐れなければならない立場になった。

透明な暗碧《あんぺき》の夜空に、満月が照りわたり、目交《まなかい》の雪の連峰は壮大な氷のパノラマのように、この世のものとは思われない美しさだった。凍死の恐怖と向き合いながら、夜をこめて眺めつくしたこの夜の大自然の景観は、明の生涯の記憶につよく残るものとなった。

雪山で朝を迎えた二人は、やがて捜索隊の警官に見つけられた。巡査に連れられて山を降り、塩原の温泉宿会津屋へ到着すると、そこに生田長江が待っていた。やがて宇都宮で待機していた母親の光沢と親戚の男が、宙をとんで駆けつけてきた。

並みの母親ならこんなときどんなにか取り乱したことだろうが、光沢は武家の妻のように、端然とふだん通りの沈着さを失わない態度で終始している。明の家出が発覚したとき、父親の定二郎のほうもうろたえるなどの、見苦しい態度はまったく示さなかった。この両親の並外れた冷静さは、きわめて特徴的といわねばならない。

それは定二郎、光沢の二人の個性にもとづいていると共に、明という娘に寄せる信頼感の大きさを物語っているのではあるまいか。

しかし、さすがに母親には一抹《まつ》の心配があった。その夜、温泉宿のほの暗い有明け行燈の灯を消した寝床の中で、光沢は自分の懸念を娘にたずねる。

「それで――。あんたのからだの方は大丈夫だったの?」

母親の質問の意味をまったく取り違えた明は、むしろ得意気な言い方で答えた。

「ええ大丈夫ですとも。坐禅で鍛えていますから、二日や三日はろくに寝ないでも食べないでも平気なのです。」

母の問いが、娘の処女性を心配しているのだと知ったのは、ずっとのちのことだった。

このときの母と娘の会話の中で、明は今後の身の振り方について、「学校の先生でも、速記者でもなんでもやります」と言って、さすがに光沢を呆れさせた。

「だれが男のひとと家出したような女《ひと》を使ってくれますか。あんたはほんとに困った世間知らずね……。」

母親にたしなめられて、ようやく明は「世間とはそんなものか」と気づくような、お嬢さんであった。たしかに明が世間知らずの娘、こわいもの知らずだったからこそ、こんな事件をしでかしたとも言えよう。

事件のあと、生田長江は明に向かってこんなふうに言っている。

「あなたは力がありながら、自分のその力を、人のため世のために使わないから、今度のようなことになるのです。トルストイは、人間は他のためになることをしなければ、ほんとうの人生というものはわからないといっている。あなたもこれから人のためになにかなさるのですね――。」

この生田のことばは、それから三年後に明が、生田の勧めに動かされ女流文芸誌「青鞜」を発刊する上で、無意識の作用を及ぼしていると思われる。

「事件」と両親

二人の事件は、平塚家からの保護願いが警察に出されたことで、いっせいに新聞沙汰となり、世間に伝わることになった。いまのような週刊誌ジャーナリズム花盛りの時代ではなかったが、各新聞はこのスキャンダルに飛びついて、憶測まじりの報道をした。

三月二五日の東京朝日新聞は、ひさし髪の明の顔写真入りで、トップ記事でこれを伝えている。事件の経過から「春子《ママ》の性質」「決死の原因」と報じたあと、こんな論評をつけ加えている。

「古来情死の沙汰珍しからずと雖《いえど》も、本件の如き最高等の教育をうけたる紳士淑女にして、彼の愚夫愚婦の痴に倣へるは実に未曾有の事に属す、自然主義、性欲満足主義の最高潮を代表するの珍聞と謂つ可し、而かも両人が尾花峠の山上に於て取押えの警官に対して『我輩の行動は恋の神聖を発揮するものにして、俯仰天地に愧《は》ずる所なし』と揚言せるに至っては沙汰の限ならずや。」

本来なら世の模範となるべき、最高の学歴をもつ男女の「情死未遂」事件は、こんな非難まじりに世に喧伝《けんでん》された。

日本女子大学は、「母校の名誉を傷つけた」という理由で、校友会（桜楓会）から明を除名する。このときの除名は、ついに彼女の生涯にわたって復権することがなかった。

曙町の平塚家へは、連日のように新聞記者が押しかけてくる。猥褻《わいせつ》なことを書きつらねた手紙や、春画を送りつけてくる差出人不明の封書もあった。ある名の知れた僧侶などは、「真言宗の僧侶がやっている性欲制限の秘法を伝授しに伺った」と、興味半分でやってくる始末だった。

明自身にたいする厭がらせはもちろん、父の定二郎の耳へも役所の中で、「辞職をしたらどうか」といった声が、非公式ではあるが聞こえてくる。

今回のことで明は、自分のやったことを悪いことをしたとは少しも考えなかった。だからこそ、家出の際の遺書にも「……われは我が Cause によって斃れしなり、他人の犯す所にあらず」と、昂然と書いたのだった。

けれどもこうした世間の風にさらされて、明はようやく自己の価値観と世間の価値観とのずれに気づいてゆく。

そのずれの中でも、もっとも明に納得しかねることがあった。

それは、草平の文学上の師である夏目漱石から提示された、事件の解決策である。草平は事件のあと漱石の家に身を寄せ、すべての善後策を漱石にゆだねた。漱石が閨秀文学会講師の馬場孤蝶と相談の上うち出した方針は、二人の結婚という終幕だった。

漱石の代理で生田長江が平塚家に出向き、

「森田は令嬢と結婚すべきである。結婚することによって、平塚家およびご両親に詫びるべきだという、両先生の御意向です」

と、定二郎に申し入れた。

明は、こんな世俗におもねる解決策を示す漱石に、失望以上の反感すらおぼえた。英国留学帰りの当代一流の知識人で、作品の上では近代人の個の苦悩をテーマにしている漱石が、実生活の上では月並みの常識人でしかないことが、明を呆れさせたのである。

この生田の口上にたいして、定二郎は、

「どうもこのたび娘のやったことは自分にはよく分からないから、本人から直接意向を聞いていただきたい」と答えている。

平塚家の体面、両親の立場をすべてに優先させている漱石にくらべ、定二郎は明個人の意思を尊重するという態度で終始した。官吏という立場上、世間体を重んじる気持は人一倍つよいはずの定二郎が、こうした態度をとったことは、さすが親として明という娘を、よく知っていたからにちがいない。

　明の生涯を眺める上で、定二郎・光沢というこの両親の存在は、実に大きな意味をもっているのである。家制度下の娘として、明は有形無形の圧迫を受けてはいたが、両親がつねづね明に示す信頼の厚さは比類なかった。たとえば定二郎は万一をおもんばかって遺言を作成していたが、そのしまい場所を彼は姉娘の孝には教えず、明ひとりだけに告げている。日ごろこうして明は、両親から絶対的な信頼を受けている娘であった。その意味からも、定二郎は平塚家の体面はさておき、第一に娘の意思を尊重する態度に出たものであろう。

　このとき示された親子関係のパターンは、その後もずっと同じ形で続いてゆくことになる。明の自由な発想と行動の根底には、こうした柔軟な親子関係があったことを見落としてはならない。

　明自身は、主観的には〈家〉からの脱出を求めながら、〈家〉との絆をまったく断ち切って生きることがなかったのは、彼女が〈家〉の桎梏《しっこく》にそれほど苦しまずにいられたからにちがいない。家の中の絶対者の父親に、明は反逆心を懐いてはいたが、わが子を包む父母の愛は、つねに明を支えていたのである。

　明は、私にこんなふうに語っている。

「あの当時の娘としては、最大限の自由を許されていたわね。むしろ両親ともにわたしにどこか遠慮しているようなところがあった。今考えてみると、よくあれほど何の文句も言わなかったと思うのよ。」

明の自我の形成を考える上で、このことは重要なポイントであるにちがいない。

草平との訣別

塩原事件のあとその年の九月、明はひとり信州松本をめざして旅立った。松本には親友の小林郁が女高師を出たあと、松本高等女学校に赴任している。その縁で松本市外中山村字和泉の中島家に寄寓して、自分を見詰める日々を過ごした。

東京の草平から、ときどき手紙が来た。結婚という解決策を明が拒んだときから、二人は生田の立ち会いの下に定二郎の前で、交際を断つことを約束させられていた。だが明の気持ちの中には、周囲の意思に従わせられる結末は、どんなことであれ一切納得できかねるものがあった。草平演出のドラマのヒロインとして、明は最後の幕を引く役割を、心ひそかに自分に課していた。彼女はその役目を、草平に与えることさえ許したくないと思った。

その時分、東京で草平は、塩原事件をテーマにした小説を書くことに没頭していた。明は事件の小説化について、草平にこんなふうに書き送っている。

「私に関する一切の発表の自由を御任せいたします。重ねて申しますが、今回私のいたしましたことは何處迄も私の所有である。他人の所有を許さない。……いかに不名誉な形容詞を世間から浴せられたからとて。……私が悪いことをしたならしたで、私が責任を持ちます。其心配はして下さいますな。

改ためて私に関する発表の権利を貴方一人に総て譲ります。」(明治四一年六月一〇日付)

平塚家では、事件の作品化につよく反対していた。だが明は、そんな親たちの意向はまったく無視して、「周囲の一切を顧慮せず、芸術家としての信念をつらぬいて書いてほしい」と草平を励ますのである。なんという強烈な自我意識であろうか。

明は、草平の作品が完成される日を待って、草平と訣別しようと考える。

草平へのみれんがないわけでないが、それはぜひとも整理しなければならない感情であった。明がどんなに「世間は世間、自分は自分」と割り切って考えたにせよ、明が禅の見性で到達した絶対的な自我の境地は、もう以前のままではなくなっている。くだかれた自分を立て直すためもう一度きびしく禅の修行をはじめなければ……と、北アルプスの山並みを眺める日々の中で、明の決意はかためられてゆく。

信州の山の中で、明は草平との「恋」の挽歌を、たくさん作った。

恋ふる身の恐怖え堪へぬ弱ごころ恋ふるが故に死をこそ願へ
しみらにも思ひ出づれば宵よひに涙あたらし遠ざかる君よ

新たにも燃えて狂へる焔なり焼かむ焼かれむ相合ひし胸

こんな歌が三八首、「明星」終刊号（明治四一年一一月）に「憂愁」と題して掲載されている。

草平の小説は「煤煙」という題名で、明治四二（一九〇九）年元旦から「東京朝日新聞」に連載されることになった。草平からの手紙でそれを知った明は、一二月中旬東京に帰って草平を訪ねたが不在だったので、置手紙をして帰った。

それは明の側からの絶交状だった。自分から別れを告げることは予定の行動ではあったが、彼女がやすやすとそれを決行したわけではない。そのことは前記の歌を見ても分かることだった。

処女の真価　明治四二年から、明は再び禅の修行に取り組む一方、英語の勉強のやり直しのため、当時女子の入学を許さなかった神田の正則英語学校に通うようになった。親友の木村政子は、塩原事件の波紋に巻きこまれたため、厳格な父親の不興を買って家に居辛くなり、尼ヶ崎の高等女学校の教師になって赴任していった。塩原事件いらい海禅寺から遠ざかっていた明は、秀嶽とも会うこともなく、心さびしい気持で、ときには生田長江の家を訪れたりしていた。

明治四三年夏、夏の休みで帰京した木村政子の誘いで、明は海禅寺への出入りを復活する。秀嶽はなんのこだわりもなく、明を大歓迎してくれるのだった。だが彼はもう昔の直情だけの男でなく、遊蕩の世界にも通じる人間に変わっていた。その変貌の背後には、かつての「接吻事件」があった。秀嶽はさすが禅僧らしく、明への思慕を断ち切ってはいたが、心の痛手を遊蕩でまぎらすほかなかったのである。

秀嶽はあけすけに遊蕩の世界のことを明に語り、座興のようにして明を行きつけの待合に連れていった。湯島天神のそばにある、立派な構えの家だった。

ここで明は自分から頼んで、秀嶽と結ばれることになった。並み以上のおく手の明は、草平とは肉体関係をもっていない。性的な無知に加えて、その種の欲求をまったく自覚しないと明言していた彼女にとって、それはおどろくべき変化であった。

明にこのような行動をとらせたのは、何なのだろうか？

塩原事件でもっとも大きく世の非難を浴びたことが、処女としての貞操問題であったことに、明は腹立たしさをおさえかねていた。彼女は塩原事件の悪評の中で、処女性というものは、本来、自分自身に属するものであって、世間の道徳や男からの押しつけで支配されるものでないという考え方をかためていった。

明がこのとき、自分の意志で処女を破ったことは、当時の儒教的女性観から見れば、実におどろくべきことだった。当時の娘にとってもっともきびしいタブーだった処女性を、自ら求めて破ったことは、当時の社会道徳にたいする、大胆な挑戦というべきだった。

自主的な性行動について、のちに明は「処女の真価」(大正四年) という一文を書いている。

「処女を捨てるに最も適当な場合を知るものはその処女自身を外にしてありやうがないのである。だから彼等はよく自分を知り、自分の真の要求の存する処に従って其時其場合に於て、自分に最もよき道徳を創造し、それを実行し得るだけの知慧と力とを常に有たねばならない。」

これは今日考えても妥当な意見である。

明はこうして、たとえそれが試行錯誤の道であろうと、自らの意志による実践によって新しい道を切りひらいていった。因習的な性道徳革命の旗手として、わが道をゆく明の出発点は、このあたりに求められようか。

Ⅲ 「青鞜」時代

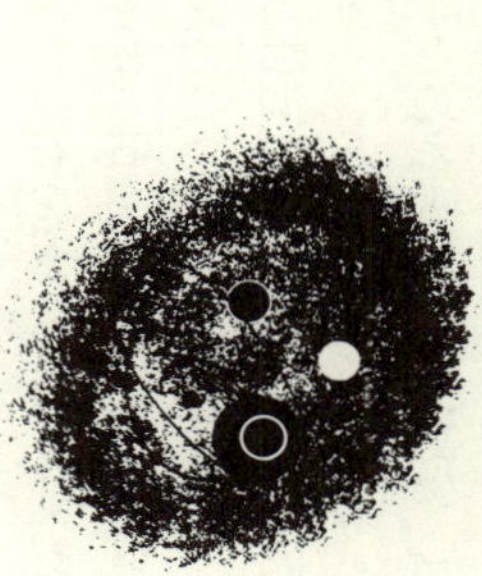

「青鞜」の誕生

石つぶての雨

明治から大正への転換の年明治四五年——まだ明治の年号を冠した夏のある夜、東京本郷曙町一三番地の平塚定二郎の邸内に、時ならぬ石つぶての雨が降った。この晩だけでなく、こんなことが何度かあった。表門から投げこまれる石つぶては、門に近い茶室造りの離れの、杉皮葺《ぶ》きの屋根や羽目板に当たって夜のしじまを破る。

この円窓のある離れ部屋の住み手は、明であった。四畳半と三畳の二間つづきの離れは、母家の家族の誰からも煩わされない、明ひとりの城だった。

明治四四年九月に創刊された女流文芸誌「青鞜」は、やがて一周年を迎えようとしていた。「らいてう」の筆名をもつ青鞜社の盟主として、明は自分の家に石つぶての雨が降る理由を知っていた。それは荒唐無稽な新聞記事のお陰でひきかぶっている、ばかばかしい被害であった。

青鞜社につどう女たちが「新しい女」の名のもとに、世間の好奇の目にさらされている矢先、この年七月一一日から四日間にわたって、国民新聞紙上に「所謂《いわゆる》新しい女」と題する記事が連載された。その一部を示すとこんなぐあいである。

「此間の夜、雷鳥の明子と尾竹紅吉《こうきち》（数枝《ママ》子）中野初子の三人が中根岸なる尾竹竹坡氏の家に集まった時、奇抜も奇抜、一つ吉原へ繰り込まうぢゃないかと女だてらに三台の車を連ねて勇しい車夫の掛声と共に仲の町の引手茶屋松本に横着けにし、箱提灯で送らせて大文字楼へと押上り、大に色里の気分を味った。所が翌朝更に朝帰りの気分も味はんと三女豪が意気込んで茶屋松本に引き帰すと、何うした事か紅吉が脳貧血を発し俄かの卒倒と云ふ騒ぎ、それでも介抱の末、土手八丁を肩で風斬りつつ無事に帰宅した。」

「先頃紅吉が巽画会に出品した『陶器』と題する画が百円に売れた時、彼女は勿体ないから皆で御馳走を食べやうとて四方の同人に葉書を飛ばせ、赤い酒、青い酒を重いものから上へ上へと五色に注ぎ分けて飲み合った。無論中にはブランもあればウヰスキーもある、さうして其洋盃に透明な色を飽かず眺めた面々は思ひ〳〵にハイがかった言を云ひ乍ら、焼け付く様な酒に舌を鳴らしつつ、其香に酔ふて思ふさま享楽したのである。」

「青鞜」創刊ころのらいてう

この記事にかぎらず、ジャーナリズムがふりまく「新しい女、五色の酒を飲む」「新しい女、吉原に遊ぶ」という噂は、センセーショナルに伝播《でんぱ》され、世間の人々はこの噂に聞く「新しい女」たちの、放蕩《ほうとう》無頼ぶりに呆れかえった。「青鞜」

という雑誌が発刊されたことも知らないでいた世人は、改めて「青鞜」への興味をかきたてられもした。

折りしも時は「大逆事件」をきっかけに到来した社会主義者の〝冬の時代〟――弾圧の季節の悪夢まださめやらぬころである。世を掩《おお》う暗い時代のさなか、日本最初の女ばかりの手で世に送り出された女流文芸誌「青鞜」の創刊は、ささやかな女流文芸誌の発刊という以上の重い意味を担っていたことを知る人は少なかった。

「青鞜」には創刊の辞として、「元始女性は太陽であった」と題する長い文章が載っている。筆者の「らいてう」と名乗る女は、「よし、私は半途にして斃るとも、よし、私は破船の水夫として海底に沈むとも、なほ麻痺《まひ》せる雙手を挙げて『女性よ、進め、進め』と最後の息は叫ぶであらう」と、世をはばかることもなく、大それたことを言ってのけている。

「らいてう」とは、そもいったい誰であろうか、と世人はいぶかしがった。

そして、この不敵な女こそ、三年前の明治四一(一九〇八)年三月、新進作家森田草平との「雪の塩原心中未遂事件」で世を騒がせた女子大出身の令嬢平塚明その人であることに、世間はいよいよおどろかされた。スキャンダルのヒロインを盟主とする「青鞜」は、その出発点から世人の注目を惹く運命にあったといえる。明はまたふたたび、世の石つぶてを浴びる道を、みずから選んで生きることになった。

明自身の選んだ道――とはいっても、「青鞜」出現の蔭の力は生田長江であった。

塩原事件のあと、明は時おり生田長江のもとを訪れるようになり、文学ばかりでなく政治・社会問題に広い知識をもつ生田から、いろいろの話を聴いていた。「大逆事件」について明が初めて知ったのも、生田の話からである。

そうした中で、生田はいつとなくしきりに明に、女流文芸誌の発行を勧めるようになった。彼は目の利いた博労《ぼくろう》のように、いちはやく明の駿馬ぶりを見ぬき、自分が調教師となって、世に問う仕事の成果を挙げさせたかったのだろう。明は自分の書いたもの、随想や紀行文・翻訳など見てもらってはいたが、文学志望の気持はまったくなかった。

女流文芸誌のすすめ

そのころ、明治憲法体制下の家制度の抑圧のもとで、自由に生きる道を閉ざされていた女性たちは、自己実現の場を文芸の世界に求めることに熱心だった。

そうした女性の文芸熱にこたえて、明治三八（一九〇五）年一月に河井酔茗《すいめい》編集の「女子文壇」が創刊されている。「女子文壇」は全国から文学少女の投書家を集め、非常な盛況を示していた。世間に知られた顔ぶれでは山田邦枝（今井邦子）、長曽我部菊子（生田花世）、水野仙子、岸次子（鷹野つぎ）、三ケ島葭子《よしこ》、岡田美知代（永代）らがここに集い、文学への執念を燃やしていた。

生田が熱心に女流文芸誌の発行を勧めた意図の中には、「女子文壇」に競合するような、新しい女ばかりの雑誌を産む夢がひそんでいたかもしれない。

明は文学熱にも無縁で、当分はまだ禅の修行を中心にしてゆく考えでいたから、生田の熱心な勧めにもなかなか腰が上がらなかった。

ところがちょうどその頃、明の家には保持研子《やすもちよしこ》という食客がいて、この女性の熱意が明の決意を促したのである。

保持研子は明治四四（一九一一）年春に女子大を卒業していらい、郷里の四国今治の家には帰らず、明の家に身を寄せて職を探していた。もともとは姉の孝の学友だったが、胸を病んで中途で療養生活を送り、卒業が遅れたのだった。米次郎と結婚した孝は、夫の赴任先の関西に暮していたから、明が姉の友人を肩代りした格好で、自分の部屋に同居させていた。

いつも無頓着な身形《みなり》をして平気でいる、太い神経の持主だが、国文科出の研子は詩歌の好きな文学少女である。研子は明から女流文芸誌発行の話を聞くと、大乗り気になって明の説得役に回ったのだった。

日本の女性史に残る「青鞜」誕生の背後には、生田長江・保持研子という二人の男女の熱意があったことを忘れてはならない。

「青鞜」が世に出るまでには、まだもう一人重要な役割を担ったひとがいる。明の母親の光沢である。光沢は明の婚資として預金しているものを、雑誌の資金に回してくれた。最初の印刷費百円をはじめ、広告費や諸雑費、つまり明と研子の活動費まで光沢の手から渡っているから、いうならば光沢こそは「青鞜」のスポンサーというべきひとだった。

光沢はこの時代の女性には珍しく、明という風変わりなわが娘を理解することのできた母親である。塩原事件を起こしたあとはもちろんだが、それ以前にも明に結婚を強要するようなことはまったくなかった。明があんな事件のあと世間の指弾《しだん》をうけても、愚痴をこぼしたり、泣き言を口にすることはまったくなかった。明の計画する新しい雑誌作りの仕事を、進んで手助けするまでの気持はないが、自分が夫と娘の間の緩衝地帯になって、娘の計画を実現させてやろうという思いから、彼女は定二郎に頼んで資金作りに手を貸したのである。

資金の見通しが立つ一方で、発起人の人選が進められた。研子の国文科の同級生の中野初子・木《き》内錠子《うちていこ》は研子の縁で、あとの物集和子《もずめ》は明の縁で依頼している。それに研子と明の五名ということになった。

このうち中野初子は当時まだ珍しい婦人記者として「二六新報」で働いたことがあり、この当時は看護婦協会の機関誌の編集をしていた。五名のうち唯一の編集経験者である。落ち着いた実務家の風格をもつ人で、「青鞜」の編集発行人を引き受けている。

木内錠子は中野と女子大の同級生だが、中野の妹分のような格好で発起人に加わった。二人とも創作を志していて、露伴門下といわれているが、中野はついに「青鞜」には作品を発表せずに終わった。

物集和子は、明の誠之小学校時代の同級生の物集芳子の妹。はじめ芳子に持ち込まれた話だったが、芳子が結婚して海外にゆくことになったので、妹の和子に役割がゆずられた。「広文庫」の編纂で知られた物集高見博士の娘である。

雑誌発行の趣意書と規約草案の起草には明が当たった。趣意書は、

「婦人もいつまでも惰眠を貪っている時ではない。早く目覚めて、天が婦人にも与えてある才能を十分伸ばさねばならない。今自分たちは婦人ばかりで、婦人のための思想・文芸・修養の機関として青鞜社を起こし、雑誌『青鞜』を無名の同志婦人に開放する。自分たちは他日ここから優れた女流天才の生まれ出るであろうことを望み、かつ信ずる。」

およそこんな内容だった(この趣意書は現在残っていない)。

規約草案第一条には、次のようなことばをかかげた。

「本社は女子の覚醒を促し、各自の天賦の特性を発揮せしめ、他日女流の天才を生まんことを目的とす。」

この簡単な条文の中には、明の日ごろ抱いている女性観が凝縮されている。この趣旨を敷衍《ふえん》したものが、創刊の辞「元始女性は太陽であった」に言い尽くされているのである。

だが、明が筆をとった規約草案は、生田の考えで訂正されてしまった。「本社は女子の覚醒を促し」という箇所が「女流文学の発達を計り」と変えられている。それは明にとっては、不本意な変更であった。「女流文学の発達を計」ることより「女子の覚醒を促す」ことの方が、明にはより切実な関心事である。

女が立派な作品を書くためにも、まず女自身が自覚して、人間として解放されることが先決条件ではないだろうかと、明は納得しかねる思いではあったが、ひとまず生田の意見に従ったのである。のちに明は生田と婦人問題の観点をめぐって、論争するようになるが、この規約第一条も、青鞜社創立二周年目には明の起草した最初の字句へ戻っている。

斬新な誌名

はじめ生田の意図したものは、女流文芸誌の発行であったが、明をはじめこの当時の女たちの胸に渦巻く思いは、文学的表現の中だけに納まるものではなかった。明治三〇年代の女子教育の発展によって、中産階級の女性の意識はかなり目ざめつつあり、彼女たちは女の新しい生き方の指標を探し求めていたのだった。

ともあれ、当初の出発点はまぎれもなく女流文芸誌であって、規約第五条（社則）には「本社の目的に賛同したる女流文学者、将来女流文学者たらんとする者及び文学愛好の女子は人種を問はず社員とす。本社の目的に賛同せられたる女流文壇の大家を賛助員とす」と記されてある。

新しく誕生する雑誌は「青鞜」と名づけられた。名づけ親は生田長江である。

このネーミングは今日の感覚からしても、なかなか新鮮である。この斬新な誌名を産み出したことは、生田の功績であった。「『いっそブルー・ストッキングはどうでしょう。こちらから先にそう名乗って出るのもいいかもしれませんね』ということになったのでした。」（『元始、女性は太陽であった』上）

「ブルー・ストッキング」の語義を、生田の説明でこのとき明は初めて知った。一八世紀半ばごろロンドンの富豪モンタギューの夫人（Mrs. Elizabeth Montagu, 1720～1800）のサロンに集まって、さかんに芸術や文学を男たちと共に論じた女性たちがいた。みんな黒い靴下をはいていたこの当時、これらの女性は青い靴下をはいて、ひと味違う印象を世間に与えていた。そんなことから、「ブルー・ストッキング」という呼び方は、なにか新しいこと、女らしくないことをやる女への、嘲笑的なひびきをもたせた使い方がされているという。

女ばかりの文芸雑誌が世に出れば、世間は必らず黙っていないだろうから、その先手を打って「ブルー・ストッキング」と名乗ったらという生田の提案は、さながらこの雑誌がやがて辿る運命を見通しているかのようである。

「ブルー・ストッキング」の訳字に、「青鞜」という字を当てはめたのも、生田の意見だった。「青鞜」という誌名の命名を、一部に森鷗外とする説（『明治文学雑記』蛯原八郎など）があるのは間違いである。鷗外はストッキングの訳字に「鞜」の字を使ったことがあるが、「青鞜」の命名とは無関係だった。

なお「ブルー・ストッキング」の正確な知識に、明はこのときいらいとくに接することもなく過ぎていたが、晩年になってから、シカゴ大学教授田中久子さんの貴重な研究に接することが出来た。明と一緒にかつて私も田中さんからお話をうかがったことがある。

その詳細は田中さんの論文「『青鞜』とヨーロッパのブルー・ストッキングについて」（「国語と国文学」一九六五年七月号）にゆずるとして、従来のブルー・ストッキングの語義については、かなり異論があるということだった。

モンタギュー夫人のロンドンのサロンに集まった婦人が、青靴下をはいていたのでその名が生まれたというのは、文献上の記述はないという。

イギリスの文芸サロンは、ルネッサンスにはじまるヒューマニズムの流れが、フランスのサロンを通してロンドンの社交界に、談話会の形をとってあらわれたものだった。いろいろのサロンが生まれたが、その共通した性格は、男女が対等に位置づけられていること、主催者が女性であること、参加者は門地・出身などよりも、才能、機智が重んじられることだった。

ブルー・ストッキングという呼称が最初に使われたのはイギリスで、フランス・ドイツをはじめヨーロッパ諸国でも、これに相当することばが用いられるようになった。このことばがはじめにイギリスのサロンで使われたころは、諧謔《かいぎゃく》的な意味をもたせた言い方で、仲間のだれかれを指して、ブルー・ストッキングとか、ブルーなどと呼んでいた。それがのちには、文学に携わる女性や、文学趣味を衒《てら》ったり、学問をハナにかける女性にたいする侮蔑の意味をこめて使われるようになった。

モンタギュー夫人のサロンは、イギリスで鳴りひびいたサロンだったが、文芸談話会がサロンの主眼であって、ここでは前衛的な思想や女権について論じることはなく、保守的な性格で終始したという。

「青鞜」のメンバーも、文芸を論じることでは共通していたが、イギリスのサロンに集う優雅な女性たちと、その辿った運命はかなりかけはなれたものであった。

「青鞜」と「白樺」

「青鞜」の誌名もきまり、いよいよ明と保持は、編集の実務にとりかかることになった。

生田は手とり足とりという世話の焼き方でなく、大切な要点を助言するという格好で、仕事の進行を見守った。規約の中で、「女流文壇の大家を賛助員とす」というふうにしたのも生田の知恵で、女流文学者の顔を揃えることで、新しい雑誌に箔《はく》をつけたわけである。歌人の与謝野晶子、劇作家の長谷川時雨、岡田八千代、鷗外の妻の森しげ女、独歩の妻の国木田治子、小栗風葉の妻の加藤籌《かず》子《こ》、鷗外の妹の小金井喜美子——当時世間に知られていた女性たちが、みな快く賛助員を引き受け、雑誌に執筆することも約束してくれた。

明が雑誌の体裁を考える上で、参考にしたのは「白樺」であった。明治四三年四月に創刊された「白樺」は、学習院の学生であった武者小路実篤・志賀直哉・木下利玄・里見弴・柳宗悦・有島武郎・長與善郎らによって創刊された文芸誌である。このグループのリーダー格の武者小路は明治一八年生まれで、明より一歳の年長である。華族出身の明治二代目の彼は、自我を抑圧する一切のもの——「家」や家父長権力・封建的道徳からの解放を求めた。白樺派の文学運動は、自我の実現、徹底した個人主義の主張に立っている。

白樺派のメンバーは揃って美術への関心も深く、「白樺」には美術誌的なところがあって、西洋美術の紹介をするなど、なかなか凝った編集がされていた。

明と研子は、「白樺」のほんのりクリームがかった紙の色や、誌面の体裁が上品で新しい感じが気に入っていたので、「青鞜」の印刷は「白樺」を刷っている神田の三秀舎にきめた。

「自我の解放」「自我の確立」といった「個」の自覚から出発する「青鞜」は、思想面で「白樺」と同根の間柄であるばかりでなく、雑誌の体裁も似通うことになった。上流の子弟を中心にした「白樺」、中流の子女を中心にした「青鞜」——この二つの文芸雑誌は、その出発点が似ていたように、その辿る運命は必ずしも似てはいなかった。大正デモクラシーの原点に位置するこの二つの雑誌の消長を見るとき、「青鞜」の辿った道に投影されている、女性の苦悩の深さを思わずにいられない。

ここで一つしるしておきたいことは、「青鞜」以前にも、婦人解放の主張をかかげて発刊された雑誌があったことである。

婦人解放の先駆「世界婦人」

明治四〇年一月、福田英子が主幹となって発刊した「世界婦人」であるが、「本誌は日本に於ける婦人運動の先駆也。本誌を読まざるものは真の婦人に非ず」というようなスローガンが掲載されている。社会主義による婦人解放の展望のもとに、婦人の政治上の自由の獲得と、恋愛の自由ということが当面の運動目標とされていた。女性の一切の政治的活動の自由を奪う治安警察法第五条改正の請願運動と、「恋愛の自由」つまり家族制度からの解放に力点を置いた記事のほか、「世界婦人」の題名どおり、世界の婦人参政権運動の紹介なども掲載されている。

福田英子(旧姓景山)は慶応元(一八六五)年岡山の下級武士の家に生まれ、少女時代から聡明な女の子とほめそやされていた。明治一五年に岡山に遊説にきた女流民権家岸田俊子の影響を受け、自由民権運動に加わって、唯一人の女性として大阪事件に連座し入獄した。そののち英子は旧自由党員で大阪事件の中心人物大井憲太郎と内縁関係で一児をもうけたが、大井に裏切られる苦杯をなめなければならなかった。

しかしその後アメリカ帰りの社会改良主義者福田友作と結婚し、三児を産むがその夫とも死別している。やがて、「平民社」に近づき、社会主義と婦人解放への目をひらかれていった。雑誌「世界婦人」の刊行は、堺利彦・安部磯雄・石川三四郎ら社会主義者の後援を受けて、英子がはじめて取り組んだ婦人問題解決のための出版活動であった。

けれども「世界婦人」は当局の弾圧によって、明治四二年八月に東京地裁で発行禁止の判決を受ける。このとき「世界婦人」の編集兼発行人として、英子の最大の協力者であり、愛人でもあった石川三四郎は入獄の憂き目にあっている。

運動面の苦難もたいへんなものだったが、実生活の上でも明治二四年と三四年の二回にわたって、女子工芸学校を興こしているがいずれも失敗に終わった。

明治三七年に刊行された英子の自叙伝『妾《わらわ》の半生涯』には、こんな悲痛なことばが記されてある。

「妾が過ぎ来し方は蹉跌《きてつ》の上の蹉跌なりき。されど妾は常に戦へり、蹉跌の為めに曾て一度も怯みし事なし。過去のみといはず、現在のみといはず、妾が血管に血の流るる限りは、未来に於ても妾は尚ほ戦はん。妾が天職は戦にあり、人道の罪悪と戦ふにあり。」

自由民権から社会主義へと転回していった英子の立脚点とは別の地点から、明の「青鞜」は出発してゆく。この二人の思想的基盤の相違は、その置かれた環境の違いを物語るものであろう。だが、後にもふれるが明と英子は無縁のまま終わった間柄ではなく、「青鞜」はのちに英子の論文を掲載して、発禁処分を受けることになるのである。

高村智恵子と与謝野晶子

「青鞜社」と墨痕あざやかに記した白木の表札が、駒込千駄木林町の物集邸の裏門に掲げられたのは、明治四四年七月一日だった。

青鞜社事務所といえば聞こえはいいが、物集和子の部屋に机を一つ置かせてもらっただけのことである。本来なら明の家に置くべきところをこうしたのは、父親への遠慮の気持と、明自身のこの仕事への覚悟が、十分にできていなかったことを示している。逃げ腰とまではいわなくても、いつでも撤退できる構えであった。

「青鞜」創刊号の表紙

「青鞜」の表紙絵として、広く知られている女の立像の絵は、長沼ちゑの手になったもので、この表紙絵の訴えかけるものと、「青鞜」という斬新な誌名とは、絶妙な調和をかもしている。淡いクリーム色の地の中央に、顔を横向けにしたアラブ風な女の立像が、チョコレート色の装飾的なバックを背にして浮かんでいる。

はるかな憧れを追うかのように、やや顔を上向けにした立像は、身ぶるいするような女の情感をたたえている。

明は長沼ちゑに表紙絵を頼んだことを、大成功だとよろこんだ。長沼ちゑは女子大で明の一級下の家政科生だった。いつも肩に絵具箱をかけて歩いていたり、運動場で自転車を乗り回したりしている姿で、目立つ学生だった。富本一枝（青鞜社員、後述）は「薔薇《ばら》の花片でふわりと包めそうな感じの人」と長沼ちゑを形容しているが、白くゆたかな頬とまるで骨がないかのようなしなやかな軀《からだ》をしている。見かけによらず運動神経が発達していて、明とはテニス友達の間柄だった。

長沼ちゑはあるいは青鞜社員になった女性かもしれなかったが、ちょうどこの年の末に高村光太郎とめぐりあい、高村智恵子としての生涯を辿っていった。光太郎の『智恵子抄』によって彼女の名は広く知られているが、「青鞜」の歴史を語る上でも忘れられない存在である。「青鞜」の表紙絵は、のちにいろいろ変わっているが、彼女のそれに及ぶものはなかった。

この表紙絵が青鞜社事務所に届いた日、かねて明が依頼してあった与謝野晶子の詩が送られてきた。

山の動く日来《また》る
かく云へども人われを信ぜじ
山は姑《しばら》く眠りしのみ
その昔に於て

山は皆火に燃えて動きしものを
されど、人は信ぜずともよし
人よ、ああ、唯これを信ぜよ
すべて眠りし女《をなご》今ぞ目覚めて動くなる

一人称にてのみ物書かばや
われは女《をなご》ぞ
一人称にてのみ物書かばや
われは　われは

こんな詩の断章がいくつもつづいている。題は「そぞろごと」と記されてあった。そぞろごと、すなわち漫《そぞ》ろ言と晶子が題しているように、一二篇の断章をつらねた詩は、この初めの二つをのぞけば、とりとめない話とでも名づけられようが、明は冒頭の二つの詩に目を見張る思いであった。

明が与謝野晶子に出会ったのは、閨秀文学会に講師として招かれてきたときが最初だった。晶子はそのとき三五歳、すでに四人の子の母親だったが、旺盛な作歌活動をつづけていた。自由奔放な女ごころを歌って、世に鳴りひびく情熱の女流歌人はどんなひとかと期待していた明は、目の前に現れた晶子のみすぼらしい印象におどろいた。着くたびれたしわだらけの着物からもうかがえる、当時の晶子の生活のたいへんさといったものは、お嬢さんの身の上の明には察しられなかった。晶子の源氏物語の講義というのも、小さな声でひとりごとを言っているようなもので、大胆な歌の作者とはひどく違和感のある印象で、明を失望させたのだった。

それから四年後、「青鞜」への協力を求めるために、明が麴町中六番町の晶子の住居を訪れると、以前とうって変わりはでやかな秋草模様の浴衣がけで、身辺にゆとりを漂《ただよ》わせていた。けれども相変わらず低い声で、ひとりごとのような話し方で晶子が言うのに耳を傾けてみると、女は駄目だ、男には及ばないというようなことを言うのだった。

「他日女流の天才を生まむ事を目的とす」という青鞜社の規約について、なにか水をさされているようで、明は心もとない思いを抱きながら、晶子から寄せられる原稿を待ちうけていたのだった。

それが期待を上回る詩稿を、手にすることができた喜びに、明をはじめ編集室のメンバーは勢いづく思いだった。

女の抑圧された感情と官能の解放を、奔放な恋の歌として歌い上げ、既成道徳に真向うから挑戦した晶子は、いうならば青鞜社の女たちの、〈精神の姉〉ともいうべき存在だった。はっきりと意識されたものでなくても、両者の間には濃い精神的血脈関係のあったことが思われるのである。だからこそ晶子は「青鞜」にかなりしばしば寄稿しているのである。

晶子の「そぞろごと」を巻頭に、創刊号の編集は着々と進んだ。明ははじめのうちこそ、片手間仕事のつもりでいたが、雑誌発行の準備に追われるうちに、参禅も図書館行きもやめて、この仕事に没頭するようになった。

「青鞜」創刊の辞

新しい雑誌の創刊には、創刊の辞というものが必要なので、明はそれを保持研子に書いてもらおうとしたが、彼女はなかなかペンをとらなかった。日限ぎりぎりまでせっぱ詰まって、明はついに自分で書く決心をした。

八月も下旬に近いある夜、明は自分の部屋の机の上に原稿用紙をひろげ、しばし想念を凝らしたあと、最初の一行を書きつけた。

「元始、女性は実に太陽であった。真正の人であった。」

こんな書出しからはじめようと、あらかじめ考えていたわけではないのに、これが明のペンから生まれた最初のことばであった。

この一行は、それまで明の胸に詰まっていたさまざまの思いを、ひと息に迸《ほとばし》らせるモチーフとなった。明のペンはよどみなくすべっていった。

「今、女性は月である。他に依って生き、他の光によって輝く、病人のやうな蒼白い顔の月である。

偖《さ》てここに『青鞜』は初声を上げた。

現代の日本の女性の頭脳と手によって始めて出来た『青鞜』は初声を上げた。

女性のなすことは今は只嘲りの笑を招くばかりである。

私はよく知ってゐる。嘲りの笑の下に隠れたる或ものを。」

激しく胸を衝き上げる思いが湧きおこってくる。「嘲りの笑」を、自分もまた世間からしたたかに浴びせられた。

塩原事件はみずからの選びとった行為であったが、世間は寄ってたかって自分を笑い者にしたではないか。女はみずからの意志によって輝く、太陽ではあり得ないのか。蒼い月の光のように、みずから光ることなく、他の光を映して闇に生きるほかない、貶《おとし》められた性としての女性であらねばならないのか。

どうしてこれが、真正の人と言えるだろうか？ それは仮りの姿なのだ。元始の世界において、女性は太陽として照り輝く存在であった。それこそ真正の人であったのだ。

女たちは必ずふたたび太陽として、真正の人として復活しなければならない。それにはまずなによりも一個の人間としての女性の自我の解放、自我の確立が必要である。では真の自分と出会うためにはどうすればよいのか。

女性が真正の人として本来もっているところの尊い自我を発掘するには、「精神集注」の道以外にはないではないか――。明は、坐禅修行の苦しい日々を回顧し、「見性」によって本来の自己に到達した道筋をふり返る。

明のペンは新しいことばを綴ってゆくのだった。

「熱誠！ 熱誠！ 私共は只これによるのだ。熱誠とは祈禱力である。意志の力である。禅定力である。神道力である。云ひ換へれば精神集注力である。神秘に通ずる唯一の門を精神集注と云ふ。」

「私は精神集注の只中に天才を求めやうと思ふ。天才とは神秘そのものである。真正の人である。」

精神集中の極限で、見性の門がひらかれたときの、あの生命の歓喜と魂の高揚の中に、明はまさしく「真正の人」と出会ったと思う。

本来の自己こそ、天才の所有者、天才の宿れる宮なのだ。だが、せっかく自己内部にひそむ真正の人に出会いながら、それを見失うことになったのは、あの「塩原事件」にほかならなかった。明の心の軌跡には、塩原事件が消しがたく残っている。明は自分の負の歴史を、わが手であばかずにいられなかった。

「然るに過剰な精神力の自からに溢れた無法な行為の数々は遂に治しがたく、救ひがたき迄の疲労に陥れた。」

「そして、運命は我れ自から造るものなるを知らざるかの腑甲斐《ふがい》なき宿命論者の群にあやふく歩調を合せやうとしたことを、ああ思ふさへ冷たい汗は私の膚《（ママ）》へを流れる。

私は泣いた、苦々しくも泣いた、日夜に奏でて来た私の竪琴の糸の弛《ゆる》んだことを、調子の低くなったことを。」

「とは云へ、苦悶、損失、困憊、乱心、破滅総て是等を支配する主人も亦常に私であった。

　私は常に主人であった自己の権利を以て、我れを支配する自立自由の人なることを満足し、自滅に陥れる我れをも悔ゆることなく、如何なる事件が次ぎ次ぎと起り来る時でも我の我たる道を休みなく歩んで来た。」

すべては我から出て我にかえる。我自身が真正の人として、甦る以外に道はないのだ。

みずから輝く太陽として甦る道以外には……。

「青鞜」宣言の訴えるもの

　全文一六頁にわたる発刊の辞を、ここで逐条にわたって解説する余裕がないのは残念である。この発行の辞が難解であるとか、意味がよく分からないといった批評が世上にあることはたしかだが、これを書いた明の心の内部に入ってみると、わたしには手にとるようによく分かる。

これを書いた時点で、明の意識の根底にあったのは、禅の思想であり、坐禅、見性の体験であった。一定の婦人解放思想とか社会科学的な方法論といったものは、まったくなかった。「元始女性は太陽であった」ということばについても、今まで意識下にたくわえられていたものが出てきたまでであったと明は言っている。自伝によると、「ところがこの言葉にははからずも女性の歴史の客観的な事実が宿っているとも言えるのです。母系社会の崩壊と家父長制の出現にともなって、男子の専制と婦人の隷属がはじまり、次第に婦人の人間性が失われていったことが、この太陽と月という言葉に象徴されているように思われます」(『元始、女性は太陽であった』上)というふうに言っている。こうした知識は、のちに明が得たものであった。

「禅」を鍵としてこの全文を解釈してゆくと、納得できる箇所がほとんどである。

「私共は隠されて仕舞った我が太陽を今や取戻さねばならぬ」「隠れたる我が太陽を、潜める天才を発現せよ」――と高らかによびかける明が、ここで繰り返し唱えているのは、精神集中の極に到達するところの、女性の潜在能力の発見、開発ということである。その道筋を明はこうしるしている。

「我れ我を遊離する時、潜める天才は発現する。

私共は我がうちなる潜める天才の為めに我を犠牲にせねばならぬ。所謂無我にならねばならぬ。

（無我とは自己拡大の極致である）

只私共の内なる潜める天才を信ずることによって、天才に対する不断の叫声と、渇望と、最終の本能とによって、祈禱に熱中し、精神を集注し以て我を忘れるより外道はない。

そしてこの道の極るところ、そこに天才の玉座は高く輝く。」

ここにいうところの「我」とか「無我」ということばは、仏教思想上の用語で、無我の悟りの境地に到達することによって、女性の失われてしまった無限の能力を回復しようという意味である。明は、この発刊の辞の中に、「禅」ということばは意識して使わないようにしていたと私に語っているが、禅の影響は色濃く反映しているのである。

「釈迦は雪山に入って端座六年一夜大悟して……実に全自我を解放した大自覚者となったのだ」

「唯我独存の王者として我が踵《きびす》も自然の心核に自存自立する反省の要なき真正の人」

ほかにも「無明の闇」とか「無尽蔵の智恵」といった仏教の用語が散らばっている。

この一文が、近代的な婦人解放運動の記念碑的なマニフェストといわれながら、従来の婦人解放論の影響からほとんど無縁であったこと、ならびにその独自の論旨の展開は、明の考えの基盤に「禅」の思想があったからにほかならない。

「私共は最早、天啓を待つものではない。我れ自からの努力によって、我が内なる自然の秘密を曝露《ばくろ》し、自から天啓たらむとするものだ。

私共は奇蹟を求め、遠き彼方の神秘に憧れるものではない。我れ自からの努力によって我が内なる自然の秘密を曝露し、自から奇蹟たり、神秘たらむとするものだ。」(傍点筆者)

自からの努力によってつかみとったものこそ、真に価値あるものとする考え方は、明が禅の苦しい修行で身につけたものだった。内からの目ざめなくして、なんの女性の自由解放であろうか。女性解放ということは、外界の圧迫や拘束から脱し高等教育や職業、参政権、独立の生活を営むことなどを意味してはいない。

それは女性解放の方便、手段であって、目的、理想ではないのだ。どれほど多くの知識を身につけてみても、それが人間の内的な目ざめに裏打ちされたものでないかぎり、知識は生かされはしない。

いま女性に必要なものは、男性と対抗するための知識ではない。「無暗と男性を羨み、男性に真似て、彼等の歩んだ同じ道を少しく遅れて歩まうとする女性を見るに忍びない」と明は思う。

「天才の宿れる宮《みや》なる我そのもの」すなわち自我の解放なくして、なんの女性の自由解放があるだろう。女性たちよ！　「天才の宿れる宮なる我そのもの」に目ざめ、我れそのものを発揮してゆこう！　女性の真の自由解放が達成されるとき、女性はふたたび太陽となって照りかがやく――。

この一文の中には、のちに明の思想の核となってゆく「女性主義」の思想の片鱗が、はやくものぞいていることも注目すべきである。

「私は総ての女性と共に潜める天才を確信したい。只唯一の能性に信頼し、女性としてこの世に生れ来った我等の幸を心から喜びたい。」

なんというつよい自信に裏打ちされた、自己の性の肯定であろう。

「私共は日出づる国の東《ひんがし》の水晶の山の上に目映ゆる黄金の大円宮殿を営まうとするものだ。女性よ、汝の肖像を描くに常に金色の円天井を撰ぶことを忘れてはならぬ。」

女性は東天に昇る太陽として、自己の価値を打ち立てねばならない。女たちよ、誇り高く生きようではないか。天から与えられた自己の潜在能力を信じ、それを発揮してゆく自律的な生き方を求めなければいけない。女性はそれを他の力によってなしとげるのでなく、あくまでも自分の力で自己解放を行うことを忘れてはならない――。

明は、夜をこめて書き綴った発刊の辞の最後のことばを、次のように結んだ。

「烈しく欲求することは事実を産む最も確実な真原因である。」

このことばは、これから後の明の生き方の羅針盤ともなるものだった。

書き上げた原稿用紙の余白に、明は「らいてう」と署名した。

「新しい女」のルーツ

大きな反響

「元始女性は太陽であった」の一文の骨格となる思想は、今まで見てきたように禅の思想に裏打ちされたものであったが、明の主張はあきらかに個人主義に立つ個の自覚、個我の確立への仰望《ぎょうぼう》であった。

家族制度に取り籠《こ》められてきた女たちが、明治の末年にいたり、ようやく個の解放という課題に立ち向かうには、それなりの背景があったことにもふれねばならない。

封建的な「家」の掟に縛りつけられていた女たちが、自我の意識をもつようになるには、明治三〇年代の女子教育の発展ということがあった。

明治三二年に出た高等女学校令によって、全国的に高等女学校が設置されることになり、明治四四(一九一一)年の女学校数は全国で二五〇校をかぞえるまでになった。女子の高等教育では、明治三三(一九〇〇)年に女子英学塾(のちの津田英学塾)、東京女医学校、翌三四(一九〇一)年には日本女子大学校、女子美術学校が設立されている。東京女子師範学校が東京女子高等師範に昇格して、女子中等学校の教員の養成をするようになったのは、すでに早く明治二三(一八九〇)年のことだった。

明治四一年には奈良女子高等師範学校が生まれている。

「青鞜」の出発点には、こうした女子教育の振興が、中産階級の女性の意識を目ざめさせたことがあった。

といっても、日露戦争後は女子教育に対するしめつけが以前に増して厳しくなり、女性の個の目ざめをおさえる教育方針がとられていたことも忘れてはならない点である。明治四三年に高等女学校令が改正されるが、政府の女子教育改革の重点は、天皇制国家を支える基盤としての「家」のイデオロギーを浸透させるために、「家」意識をつよく植えつけることであった。

「家」道徳が強制され、女性の「家」への従属的立場は、日露戦争後にいっそう深められている。「青鞜」発刊の二年前、明治四二(一九〇九)年九月には、東京の女子教育家によってつくられた「女子教育家懇談会」が、「女学生の男子にたいする心得」一〇ヵ条を発表した。「単独で居住する男子を訪問すべからず」とか「みだりに男女が文通すべからず」「途上又は車内でやむを得ざる外は未知の男子と対話すべからず」といった、まるで女性を籠の鳥のように閉じこめる戒めが出ていることも、こうした女子教育政策の反映であった。

けれども、女子教育の方針がどれほど体制道徳への順応を女性に強いようとしても、歴史の歯車は確実に前進していった。

明治維新以来の日本の殖産興業、富国強兵の路線は、ついに明治四三(一九一〇)年「韓国併合」

の強引な侵略政策を行い、日本の資本主義は急速に帝国主義の段階に入った。

この時期に、つまり資本主義社会の発達につれて、西欧の近代思想が輸入され、西欧市民社会の近代的意識――自由主義、個人主義、社会主義といった思想を軸とする新しい思潮が、知識層の心をつかんでいった。

歴史の波は大きくうねりながら、一つの転換の時期にさしかかっていたのである。

「韓国併合」の露払いのようにして行われた、「大逆事件」(明治天皇暗殺未遂事件)に名を借りた社会主義者、無政府主義者の大弾圧にたいして、石川啄木は「時代閉塞の現状」と題する評論を書いて、国家の強権を鋭く直視した。「我々は一斉に起ってまずこの時代閉塞の現状に宣戦せねばならぬ。盲目的な反抗や昔の時代を回顧することをやめ、全精神を明日の考察――われわれ自身の時代にたいする組織的な考察にささげなければならぬ」と言った。

明は啄木と同年生まれだが、このころの彼女はまだ国家権力というものを意識しなかった。「時代にたいする組織的な考察」という視点ももたなかった。明が「青鞜」の出発点で主張したのは、女の自我の解放、自己確立ということである。

ただひたすら自己内部の声にみちびかれて、個我の確立を叫んだのだったが、それは国権の君臨する当時の時代状況の中では、たしかに一つの抵抗の論理として、うけとめられたのだった。

明治四四(一九一一)年九月一日、「唯一の女流文学雑誌」と銘うつ「青鞜」が発刊された。「朝日」「読売」「国民」の三つの新聞にささやかな広告が出ている。A五判、本文一三四頁、定価二五銭。人目を惹く口絵一つない雑誌だが、長沼ちゑ（誌上では智恵子）の表紙絵、与謝野晶子の巻頭詩「そぞろごと」、らいてうの「元始女性は太陽であった」――そのいずれもが高らかな女性讃歌をかなで、力づよい女性の自己肯定に満ちている。そこには、女の弱よわしい劣等感は毛筋ほども見られなかった。家の掟にしばられた、蒼白い顔の女たちに向けて、かつてこれほど誇り高い連帯のメッセージが届けられたことがあったろうか――。

「女たちよ覚めよ」とよびかけた明の声は、予期しなかったほどの大きなこだまとなってはね返り、青鞜社の事務所へは全国から手紙が舞いこみ、読者が訪ねてくるようになった。「青鞜」の出現は、出口を求めて懊悩《おうのう》している女たちの胸に、暗夜のともし火とも映ったことだろう。

ペンネームらいてう　明が創刊の辞の署名に「らいてう」とだけしるし、本名を書かなかったのは、ペンネームの背後に自分を置いておきたいという気持があったからだった。まだこのときの彼女は、「青鞜」以外に自分としてやらなければならないことがあるように思っていた。それにまた、父親に無断でこの仕事をはじめたことへの、気兼ねもあった。さらに塩原事件で天下に悪名をひびかせた自分の名前を、あまりおおっぴらにしないほうが、青鞜社のためにもよいという配慮もあった。

らいてう——雷鳥は三〇〇〇メートル以上の高山に棲む鳥で、冬は羽毛が純白になるという。ふっくらとしたやさしさと、孤高のたくましさをもつこの鳥を、前から好もしく思っていた明は、とっさにこのペンネームを思いついたのだった。高山に棲むこの鳥の生態に託して、ひっそりと孤高を守るという明の思い入れもあったのである。「青鞜」の一巻三号に載っている「高原の秋」と題する明の随想を見ると、らいてうのペンネームの由来がうかがわれる。「高原の秋」は、塩原事件のあと信州松本市外の山里へ出かけていたとき、その地で書いたものだが、「青鞜」へ載せるにあたって手を入れた作品である。

「私は寂滅の谿間《けいかん》に万年雪を褥《しとね》に静やかに安らかに眠っている。

（中略）

ふと高山性の強い光線の矢が痛いほど身を刺すかとぱちっと大きな眼を開いて見ると、すぐ頭の上は透き通るやうな蒼穹《そうきゆう》だ。銀白に輝く視野の限り、巻雲の大海原は脚下に続く。十倍大の太陽は眼の前、手にとるほどの近さである。私は射かかる光の目眩《まば》ゆさに眼を擦り擦り自分の身体《からだ》を見る、（身体を見ると云っても頸を捩《ね》ぢるやうな無理はしない、私の魂は身体から離れて傍に立って居るのだから）と、不思議なるかな。

一面純白な羽毛で蔽はれて居る。つくづく見れば雷鳥だ。這松《はいまつ》の中に巣くひ千古無人の境域を黙々として飛び交ふかの雷鳥だ。

どうかと、まづ一鼓翼《こよく》して、さて大空へと飛んで見ると、身体の軽き、空虚《うつろ》で出来て居ると云ってもまだ重い。

私は太陽の周囲《まわり》を三度廻った――。」

雷鳥へのこんな感情移入があったからこそ、明はためらいなくこの鳥をわがペンネームとしたのである。

だが、雷鳥の孤高のイメージを追う明の意図は、青鞜社運動の渦中ではやくも跡かたなく消えさってしまった。

動き出した「青鞜」の仕事はあまりにも忙しく、また明の心を高揚させもした。明ははじめのうちこそ海禅寺へも出入りして、禅の修行をつづけていたが、だんだんとそれも間遠になってゆく。

『人形の家』の上演

女性の覚醒、自我の解放をよびかけた、「青鞜」の出現とまるで申し合わせたかのように、明治四四年九月に、坪内逍遥の主宰する文芸協会が、早稲田の研究所でイプセン（Henrik Ibsen, 1828~1906）の『人形の家』を上演したことは、歴史をふり返って興味深いことである。さらに一一月には、この年の三月に開場して、椅子席と女優で世間の評判を集めていた東京丸の内の帝国劇場で、『人形の家』が再演され、ノラに扮した松井須磨子は、華々しい人気を集めた。青鞜社のメンバーもさっそくこの問題劇を見物にゆき、『人形の家』

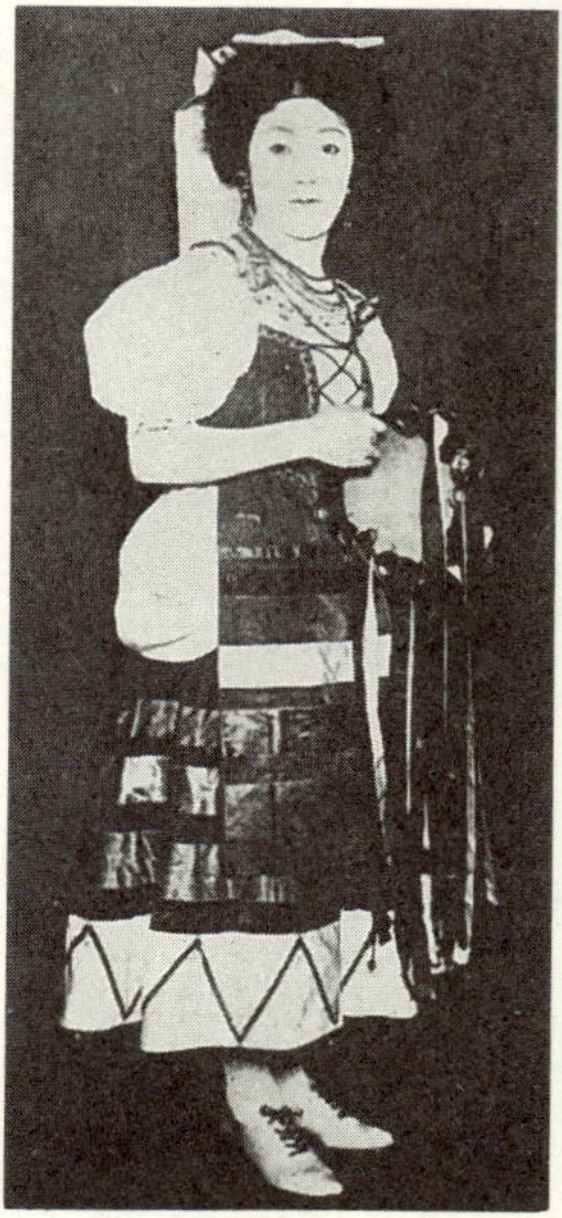

ノラに扮した松井須磨子

の合評を誌上に載せることにした。

イプセンの『人形の家』(A Doll's House, 1879)は、近代婦人運動の暁鐘《ぎょうしょう》といわれるドラマで、女性の個の目ざめがテーマとなっている。『人形の家』のヒロイン、ノラの生き方を通して、妻であり母であるより前に、人間として目ざめること、個人としての権利の自覚を扱ったこのドラマは、青鞜社の女たちにとっても、生き方の指標となる切実なものをふくんでいた。

明は帝国劇場へ出かけて、松井須磨子主演の『人形の家』を観た。座席はほぼ満席で若い男が多かった。この当時の帝国劇場の観劇料は、特等五円、一等二円五〇銭だった（近世日本世相史）。「青鞜」が一部二五銭だったことを思うと、かなりの値段である。

明はノラに扮した須磨子の演技に失望した。

ノラの自我の目ざめを適確に表現できない、須磨子の生硬《せいこう》な演技と、インテリジェンスの不足が気になったのである。女子大時代に『人形の家』の日本語訳を読んでいた明にとって、須磨子のノラは気のぬけた印象でしかなかった。

『人形の家』の合評は、翌四五年の「青鞜」二巻一号に掲載されている。青鞜社員の上野葉子、加藤みどり、上田君子、保持研子、明などがそれぞれの意見をのべている。明の感想は「ノラさんに」という題で手紙形式で書かれているが、家出をするノラの自覚の次元の低さを衝《つ》いて、きびしくノラの真の自覚をうながしている。もっとも肯づける点もあるが、その言うところの心霊の救済とか自己発見ということの背後に、禅の見性体験の影がさしているので、すんなりと読みにくいところがある。

むしろ保持研子の感想「人形の家に就て」のほうが、素直な論旨で説得力をもっている。

「人形の家全体は婦人が無自覚状態より自覚に至る経路を描いたと、同時に男子に自覚の急務を説き且これを促していることが分かる。これ婦人問題は男子問題と離すことが出来ぬものだからである。」「人形の家は劇としてとどめて置かずして、私共の日常生活に結びつけて考へて見る必要がある。又考へる丈けの価値あるものだと思はれる。」

ここには婦人問題への自覚が見られるのである。

「新しい女」

イプセンが提起するフェミニズムの思想にたいして、「青鞜」は創刊号のときから、敏感な反応を示している。まず一巻一号に「ヘッダ・ガブラー論――メレジコウスキー」二巻二号に「ヘッダ・ガブラ《ママ》合評――HとY」と、明と保持研子の合評が一八頁にわたって載せられている。メレジコウスキーの訳は下訳を明がやって、女子大卒業生の武市綾（青鞜社員）が手を入れたものである。

つづいて「人形の家」(二巻一号)「幽霊」(二巻三号)を取り上げたあと、ズーデルマンの「故郷」(二巻六号)を論評するというふうに、ヨーロッパ近代劇のヒロインたちの新しい生き方を俎上《そじょう》にのせた。ズーデルマンの「故郷」は、この年五月に文芸協会が上演して、ヒロインの奔放な生き方のために、上演禁止となった問題劇だった。

女ばかりが集まって雑誌を出したことに、目を光らせて待ちかまえていたジャーナリズムは、たちまちそのことをもって「ノラを礼讃し、マグダを理想とする」新しい女たちとはやし立てた。「和製ノラ養成所青鞜社」などとも言われた。女がノラを論じれば「和製ノラ養成所」と短絡するところに、当時のジャーナリズムの時代相がうかがえる。「青鞜」の受けた受難の中で、当局の圧迫と共に、ジャーナリズムの無責任な態度には呆れるばかりである。

「新しい女」はこの当時の流行語で、坪内逍遙の講演の演題に初めて出てきたことばと言われている。坪内逍遙が明治四三年七月に大阪市教育会で「新しい女」という講演をしており、さらにこの年の九月から一一月にわたって「早稲田講演」に「近世劇に見えたる新しき女」の題で、近代劇のヒロインたちを論じたものを、明治四五年に「所謂新しい女」と改題出版している。この「新しい女」ということばが、青鞜社の女たちに奉《たてまつ》られたわけである。

前にもしるした国民新聞の「所謂新しい女」という連載記事も、この当時の無責任ジャーナリズムの一例である。

青鞜社といえば伝説的に語りつがれている、「五色の酒」「吉原遊興」の話も、まったく火のないところに煙を立てた憶説ではないが、新聞が針小棒大にしかも悪意をこめて面白おかしく書き立てたことがはじまりである。

その火元は、前の国民新聞の記事の中に出てくる紅吉こと、尾竹一枝だった。

自分から「紅吉」と名乗る尾竹一枝は、当時画伯三兄弟として世間に知られた尾竹家の長兄越堂の長女、画家志望の多感な少女だった。

明治四五年一月に青鞜社のメンバーに名を連ねているが、初めて明の前に現れた紅吉は、男ものの久留米絣の対の着物と羽織にセルの袴といういでたちで、上背のある姿がいまでいう〝男装の麗人〟という印象であった。

「青鞜」の編集の仕事を積極的に手伝って、事務所や明の自宅へしばしば顔を見せるようになったが、ときには角帯に雪駄ばきという格好で現れることもある。天成の陽気な性質の持主で、罪のない言動でたちまち編集室の人気者となった。世間の女性の規格から外れた、こだわりのない明るさを好もしく思って、明は紅吉にたいしてとくに目をかけるようになった。紅吉の存在が、初期の青鞜社にある独特のカラーを与えたことは否み得ない事実である。たとえば、「青鞜」二巻六号に、紅吉はこんなことを書いている。

「私は、此の記事を書く前に、私達同人がミーチングの晩に、日本酒と、麦酒と洋酒の一、二種を大胆に飲み合った事を話して置く。正直で臆病で、そして初心な私達には、飲んだお酒の名前を隠せるだけの勇気が欠けてる、悲しいことには。

黄色のお酒。桃色の酒。青く光った洋酒と書いて置いてもかまわないが。私達は、何処迄も私自身を偽られなかった。今の場合、私達同人は、決して世の人の呼ぶ様な新らしい女じゃない。（中略）私達は、世間の人に、私達の生活を話してやりたい。何処迄も真面目に、正直に、仕事を執っている私達を。」（編集室より）

真面目と称しながら書いている記事が、これでは逆に青鞜社同人が酒盛りに興じたような印象を与えることになっている。

「五色の酒」というのも、紅吉が当時文士や画家たちが集まるので有名だった「メイゾン鴻の巣」へ「青鞜」の広告取りに出かけたときに、一つのコップに比重の違う洋酒を五色に注ぎ分けたものを見せられたことを、「青鞜」に書き立てたことから世間に広まった噂だった。

「吉原遊興」という伝説化した話も、ジャーナリズムが誇大に広めたまでのことで、真相はお嬢さんの「吉原見学」ということだった。なかなかの遊び人だった紅吉の叔父の画家尾竹竹坡《ちくは》がお膳立てした計画に、紅吉・明・中野初子の三人が乗せられたまでのことである。竹坡の馴染みの花魁《おいらん》の部屋で、おすしなど食べながら話を交わし、その晩泊ってきたことを、紅吉が知り合いの新聞記者に吹聴したことから、格好の新聞ダネにされてしまった。
女だてらの吉原登楼のニュースによって、青鞜社のメンバーは、「新しい女」というレッテルばかりか、「放蕩無頼」の名称まで奉られることになる。平塚家に石つぶての雨が降るようになったのは、この時分からであった。

受難の中で

青鞜社の受難は、二巻四号の小説特集号が、発禁処分をうけたときからはじまった。処分の対象は、荒木郁子の小説「手紙」である。人妻が若い愛人にあてた手紙の形式で、密会のときのよろこびを告げるという大胆な内容が、当局の忌諱《きい》にふれたのだった。良妻賢母主義教育のしめつけが、いっそうきびしくなっていたこの時代に、女の側から「不倫の恋」を小説に描き、しかもその作品を「青鞜」が掲載したことは、既成道徳への正面きっての挑戦であった。

この発禁で物集邸内に事務所を置くことを断わられ、明治四五年五月半ばに、本郷区駒込蓬萊《ほうらい》町万年山勝林寺に事務所を移した。物集和子はこのときから、父の物集高見博士の怒りをはばかってペンネームで発表するようになった。

ジャーナリズムの攻撃の中で、青鞜社内には動揺が起こり、「新しい女」と呼ばれるのを避けようとする動きも生まれた。脱退する者もいたし、名前を出さないでほしいという者も出てくる。小

万年山の青鞜社員　前列左から田辺操，物集和子，清瀬，小林哥津，後列左から木内錠子，らいてう，中野初子，石井（和田）光子，小磯とし子。

学校や女学校の教師をしている読者の中には、職を失うことを惧《おそ》れて、購読を中止する者もいた。

実際それは杞憂《きゆう》ばかりでなく、神近市子のように職を追われた例もある。ジャーナリズムの青鞜社攻撃のさなかに入社した神近市子は、当時女子英学塾の学生だった。卒業直前に青鞜社員であることが学校当局に判かって、校長の津田梅子から島流し同様の処置で、青森県の弘前高女へ赴任を命じられた。ていのいい東京からの追放である。ところがせっかく赴任した弘前高女も、元青鞜社員の烙印が災いして、わずか一学期かぎりで追放の憂き目に会っている。

世間の悪評の中で青鞜社から離れてゆく社員がいる一方、新しい社員もふえつづけた。初期の社員は女子大関係でよびかけた人々がほとんどだったが、その後入ってくるのはお嬢さま的存在のひとよりも、つよい個性をもち、女の新しい生き方を求めようとする女性が多かった。もちろん最初からの社員として名をつらね、作品を発表している同人もいる。岩野清子・上野葉子・茅野雅子・加藤みどり・荒木郁子・尾島菊子・田村俊子・杉本正生・小林哥津(子)その他の人々である。そうした顔ぶれの中へ、瀬沼夏葉・安田皐月《さつき》・岡本かの子・三ヶ島葭《よし》子・原阿佐緒・原田琴子・斉賀琴子・伊藤野枝・生田花世・山田わかからのメンバーが加わり、「青鞜」の誌面は多彩な色彩を加えてゆく。

創刊号には、「野上八重子」として野上弥生子の名前が社員の中に出ているが、どういうわけか次の一巻二号には「此度社員野上八重子氏にはよんどころない御事情の下に一時御退社なさる事となりました。尚《なお》御作は時々頂けるさうで御座います」と、「編集室より」に書かれてある。その後「青鞜」の誌面に、ミュッセの『近代人の告白』、ソニヤコヴァレフスキイの『自伝』の翻訳のほか創作などを、野上弥生子の名で発表している。

瀬沼夏葉は当時まだ珍しい女性のロシア文学者で、チェホフの『叔父ワーニヤ』『イワノフ』『桜の園』などを、「青鞜」に訳載している。

のちに青鞜社に入った山田わかが、オリーブ＝シュライネルやウォード、エレン＝ケイの訳を、精力的に「青鞜」に載せて、やがて婦人問題へと目ざめてゆく青鞜社の動きに貢献していることとともに、これらの新しい風が、「青鞜」の誌面を吹きぬけてゆく。

不真面目なジャーナリズムのからかいをよそに、青鞜社のメンバーは、大正元(一九一二)年一〇月から、文学研究会に力を注ぐことにした。

これはこの年四月からはじめていた研究会の再開で、毎週火曜と金曜の二回ひらかれていたものが、中断されていたのだった。講義の内容と講師は「モーパッサンの短篇」生田長江、「ダンテの神曲」阿部次郎。「青鞜」誌上に出した予告には「本会の出席者は極めて真面目なものでなくてはならぬ。本会は決して面白いものではない。諸嬢を喜ばせむが為めに開くものではない。だから予め御覚悟を願ひます」と、青鞜社への世間の風向きを意識して、たいそう気張った身構えを示している。

この年七月三〇日に明治天皇が没した。当時の新聞、雑誌には関係記事が沢山出ているが、「青鞜」はわずかに一〇月号の原田琴子の短歌「諒闇《りょうあん》」がそれにふれているだけで、ほかには一切ふれていない。そこには意識せずして、国家や社会の観念の薄い個人主義の立場が反映している。彼女たちの関心は、ひたすら自己の上に注がれるのであって、家も、社会も、国家も、天皇も、彼女たちはむしろ自分の関心の外へ追い出していた。諒闇一色の世相をよそに、青鞜社のメンバーは明をはじめ、保持研子、紅吉を中心に、茅ヶ崎の海辺へ編集部を移したような格好で、青春の日々に没入していたのである。

けれどもやがて、編集室の人気者の紅吉が、その天衣無縫《てんいむほう》の言動の咎《とが》によって、自分から退社する日が来た。紅吉はこの年の「青鞜」の一一月号に「群衆の中に交ってから」と題する、訣別のことばを残して去ってゆく。感覚的な、あまりに感覚的な紅吉の退社は、「青鞜」の新しい運命への転換を暗示するかのようであった。

エレン＝ケイとの出会い

発足一年にして、青鞜社の存在は鳴物入りで世にひびきわたった。自己の内部に閉じこもって、「文学修業」の場を築き上げることだけではすまない、世間の風圧を身に泌《し》みてうけとめていたメンバーは、第三年目を迎えるにあたって、一つのプロテストに立ち上がった。それは世間の「新しい女」攻撃にたいして、今までの沈黙を破り、攻勢に転じることであった。それは遅い目ざめではあったが、みずからの痛みを通して到達した地点であって、観念だけにみちびかれたものではなかった。

大正二年の「青鞜」第三巻一号の、「新しい女、其他婦人問題について」という特集がその第一弾である。「恋愛と結婚」らいてう、「新しい女の道」伊藤野枝、「人類としての男性と女性は平等である」岩野清、「新しい女に就いて」加藤緑、「新しい女の解説」長曽我部菊、「超脱俗観」上野葉、「諸姉に望む」宮崎光、「私は古い女です」堀保――という顔ぶれが並んでいる。

「新しい女観」を世に問う先頭に立ったのは、いうまでもなく明であった。

明はこのころまでは、いわゆる婦人問題というものにたいする関心を、まったくというほどもっていなかった。婦人問題の啓蒙書として明治四三年に上杉慎吉の「婦人問題」、河田嗣郎の「婦人問題」、安部磯雄の「婦人の理想」などが刊行され、ミルの『婦人の隷従』の意訳といわれる河田嗣郎の訳書が発禁になったことなどにも、特別の関心もなく過ごしてきている。

その明が、エレン＝ケイ（Ellen Key, 1849～1926）の「恋愛と結婚」を、「青鞜」に訳載しようと思い立ったのは、この時代の婦人問題の潮流を示すと共に、明のケイへの共感の大きさを物語っている。

はじめ明は「青鞜」に「新しい女」をテーマにした小論文を書くつもりでいたが、「恋愛と結婚」の原書を読んで、大きな示唆を受けた。そして今まで無視していた婦人問題に目をひらき、ここ一年ばかりの自分の研究課題を、婦人問題に置こうと決心する。「まだどれ程の研究も思索も経ない内容なき自己の意見を敢て発表するの軽率に出でるよりも、エレン＝ケイのこの著を目下の自分としてのある丈の理解力を以て忠実に翻訳する方がどれほど価値ある仕事だろうと言ふやうな謙譲の心になった」と、明は前がきで言っている。

明の婦人解放思想の柱となる母性主義は、エレン＝ケイとの出会いによって生まれたもので、まさに明はこのとき出会うべき人に出会ったのであった。

ちょうど時期を同じくして明は、大正二年の「中央公論」新年号に「新しい女」と題する散文詩のような随想を発表している。「自分は新しい女である」という書き出しからはじまるこの文章は、「元始女性は太陽であった」の論旨を、さらに一歩明確にしたものだった。

「自分は新しい女である。

少くとも真に新しい女でありたいと日々に願ひ、日々に努めてゐる。

真にしかも永遠に新しいものは太陽である。

自分は太陽である。

少くとも太陽でありたいと日々に願ひ、日々に努めてゐる。

（中略）

新しい女は『昨日』に生きない。

新しい女は最早しいたげられたる旧い女の歩んだ道を黙々として、はた唯々として歩むに堪へない。

新しい女は男の利己心の為めに無智にされ、奴隷にされ、肉塊にされた旧い女の生活に満足しない。

新しい女は男の便益のために造られた旧き道徳、法律を破壊しやうと願ってゐる。」

（下略）


いわばこれは、「新しい女」宣言ともいうべきものだが、「元始女性は太陽であった」と似通った発想でありながら、女性の当面するたたかいの照準が抽象的ながらも浮かび出ている点が注目される。

三巻一号の婦人問題特集につづいて、二号もまた婦人問題を特集しているのは、婦人問題へと傾斜してゆく青鞜社、その中心人物の明の姿勢を示すものと見られる。掲載されているのは、「婦人問題の解決」福田英子、「冷酷なる愛情観と婦人問題」岩野泡鳴《ほうめい》、「談話の代りに」阿部次郎、「恋愛と結婚」らいてう訳の四篇だが、この二月号が、「安寧秩序を害するもの」という理由で発禁処分となった。福田英子の論文が、当局の忌諱にふれたのだった。

福田英子のことは前にもふれているが、彼女に寄稿を依頼する手紙を書いたのは明で、社会主義者の女性の婦人論も載せたいと考えたからだった。それが発禁処分の原因となったことに、明は格別おどろかなかったが、父の定二郎が激怒した。忠誠ひとすじの国家の官吏である定二郎にとって、社会主義者は不具《ふぐ》戴天《たいてん》の仇敵とも思われたらしい。「塩原事件」のときにも示しはしなかった烈しい憤りの色を浮かべ、「今後も社会主義者のものを出さなければならないなら、雑誌を出すのをやめること。もしやめられないなら、家を出ていってやれ」と、明に最後通告をした。

相つぐ発禁処分

平塚家の中ではこんな深刻な事態が起こりはしたが、大正二年を迎えた青鞜社は、多事多端のうちにも活気に溢れる日々が過ぎていった。

前年の一周年記念号(二巻九号)から、発行および経営についての事務を東雲堂にまかせて、そのためか発行部数がどんどん伸びて、三〇〇〇部にも達したことも、社員を元気づけているのだった。

生田長江から前々から勧められていた講演会は、発禁さわぎの中で開かれている。「青鞜社第一回公開講演会」は、この年の二月一五日、神田美土代町のキリスト教青年会館を会場に、約一〇〇〇名ほどの聴衆が場内にあふれた。「男子の方は必ず婦人を同伴せらるる事」と予告でことわってあったが、聴衆の三分の二が男性だったところに、当時の時代相がうかがえるのである。現在の常識からすれば、女が講演会をひらき、壇上に立つことなど別に珍しいことではないが、明治三三(一九〇〇)年の治安警察法いらい、女が政治結社に入ることも、政談集会に参加することも、政談集会をひらくことも禁止されている世情を考えると、これは画期的な試みなのだった。青鞜社講演会は政治集会でないから開催できたが、これは当時としてももっとも先端的な集会だった。

もっとも、弁士の顔ぶれは保持研子「本社の精神とその事業及び将来の目的」、伊藤野枝「最近の感想」、生田長江「新しい女を論ず」、岩野泡鳴「男のする要求」、馬場孤蝶「婦人のために」、岩野清子「思想上の独立と経済上の独立」、らいてう「閉会の辞」ということで、男の弁士に頼る格好となっている。

女性陣では岩野清子ひとり気を吐いた。女ばかりでつくる雑誌のようなわけにはいかなかったのである。

講演会の成功にひきつづき、婦人のみを対象とする公開の文芸研究会と講義録の発行が計画された。「青鞜」三巻四号に出ている会員募集要項を見ると、当時の青鞜社メンバーの関心のありようがうかがわれて興味深い。

「哲学史、文明史、美術史」阿部次郎、「社会学、美学、批評論」生田長江、「近代思想史」安倍能成、「刹那哲学」岩野泡鳴、「近代劇之研究」伊庭孝、「婦人問題之変遷」島村抱月、「近代大陸文学之研究」馬場孤蝶、「芸術論」（詩歌、美術、建築、音楽）石井柏亭、高村光太郎、「外国語之研究」エマーソン——岩野泡鳴、ダンテ——阿部次郎、英文近代文学（野上臼川氏編）——馬場孤蝶。

四月七日から開催の予定で会場を確保したのに、けっきょく会員が集まらず中止となった。青鞜社への悪評が祟《たた》って、会員が集まらなかったというが、この講義の内容でたくさんの女性の参加者を集めることは、今の時代でもむつかしそうである。

こんなつまずきはあったが、青鞜社を世間に印象づける仕事も一方では進んでいた。大正元年暮には、東雲堂から青鞜叢書の第一弾として、岡本かの子の処女歌集「かろきねたみ」、大正二年三月に「青鞜小説集」を世に送った。「青鞜」の発行所を東雲堂に移してから、こうした出版計画がさかんになり、同年五月一日には明の処女評論集「円窓《まるまど》より」が発売された。ところが発売と同時に発禁となった。「家族制度破壊」と「風俗壊乱」が理由であった。

この「円窓より」の中には、「青鞜」四月号に明が書いた「世の婦人達に」という感想がおさめられている。それが当局の忌諱にふれたのだった。すでに四月号は警視庁から呼び出しをうけて、

「本来なら発禁のところだが、今後は厳重に注意するように――」と、釘をさされていた。

「世の婦人達に」は、今読み返しても理路整然とした、説得力のある文章である。

「何故世の多くの婦人達には女は一度は必ず結婚すべきものだといふことに、結婚が女の唯一の生きる道だといふことに、総ての女は良妻たり、賢母たるべきものだといふことに、これが女の生活の総てであるといふことにもっと根本的な疑問が起って来ない　のでせう。私は不思議に思ひます。長い過去の歴史や、多くの慣習や、目前の実利、便宜や、殊に男子の生活の利便の為めに成立した在来の女徳などから全然離れて、本来の女子たるものの真の生活はいかなるものなるべきかに就いてもっと根本的な考察を試みやうともしないのでせう。」

良妻賢母主義への疑問、結婚だけにしばられた在来の女の生き方の否定、現行の結婚制度の中で女が蒙むる不条理をあげ、女の新しい生き方を訴え、「一たび目醒めたものはもう二度と眠ることは出来ない」と、「世の婦人達に」呼びかけている。

「円窓より」から「世の婦人達に」を削除し、装幀も変えたものが、「扃《とざし》ある窓にて」という書名ですぐに出た。

この当時は「青鞜」だけでなく、発禁処分が相ついで行われている。大正二年五月に「女学世界」「女子文壇」、六月に「白樺」「新小説」「サンデー」「うきよ」、七月に「秀才文壇」「サンデー」「大国民」などの雑誌が、「風俗壊乱」「安寧秩序紊乱《びんらん》」で相ついで発禁の厄にあっている。

四月二〇日に文部省は、婦人雑誌関係の反良妻賢母主義的婦人論の取り締まり方針をきめた。婦人の解放的気分が、日本の醇風《じゅんぷう》美俗である家族制度に影響することを惧れる当局は、手きびしい圧迫政策をとるが、「新しい女」の集団青鞜社は、その最大の目標であったにちがいない。大正二年という年ほど、新聞・雑誌の上に「新しい女」という文字の見られた年はなかった。

婦人問題誌への転換

「新しい女」攻撃のさなか、青鞜社創立二周年を期して、社則の改正が行われ、社則の中の「女流文学」という文字はすべて消えることになった。第一条の「本社は女流文学の発達を計り」が「本社は女子の覚醒を促し」と、明が当初に起草した社則の文字が復活したわけである。「本社の目的に賛同したる女流文学者、将来女流文学者たらんとする者、及び文学愛好の女子は人種を問はず社員とする云々」は全部削られ、女流文芸雑誌として出発した「青鞜」は、文学色をみずから払い落した。

大正二年の「青鞜」三巻一〇号に、その説明が出ている。

「在来の社則によった社員を一まづ全部解散し、新社則のもとに新しく、改めて入社を申込んでいただくことにしたのです。今迄よりも社員は或意味で狭いものになり、又責任の重いものになりました。只文学愛好の女子ならば、そして一定の社費さえ納めてゐればいいといふやうなものでなく、又浅薄な寧ろ軽率な考から入社し、周囲の攻撃がひどいからといってはすぐ退社するやうなそ

青鞜社の集り　左から小林哥津子，岩野清子，中野初子，荒木郁子，保持研子，らいてう

んな自信のないものではなく、少なくとも本社の精神やその仕事に自己の生命を見出し、社と共に自己を成長させて行かうとする人でなければならないのです。(中略) そして青鞜はそれらの人の思想及生活を発表する機関となるのです。」(傍点筆者)

不安動揺分子を整理して、新しい使命感のもとに再発足する体制を立て直したわけである。文学を前面に押し立てた文芸誌から脱皮して、因習打破、旧道徳とたたかう、婦人問題誌への転換が行われたことは、時代の潮流としても当然であった。

この年六月には、代表的な総合雑誌の「太陽」が「近時の婦人問題」号を特集し、「中央公論」六月号は「婦人界の新思潮に対する官憲の取締」、つづいて七月には「婦人問題号」を臨時増刊するというふうに、「青鞜」の動きに触発されたかのように、にわかに婦人問題が社会の前面に浮かび上がってきた。「中央公論」七月の「婦人問題号」には、明の人物

評論が佐藤春夫・西村陽吉・馬場孤蝶・与謝野晶子・岩野泡鳴らによって執筆されている。この人物評の中で、佐藤春夫と与謝野晶子のものは、かなり辛辣《しんらつ》であるばかりか、晶子の筆づかいには、中傷に類する部分も見られ、公開の人物評としては無責任で、感情的であり過ぎる。

それはともあれ、青鞜社の盟主、「新しい女」の第一人者平塚らいてうの、人物評特集まで現れたことは、いかに婦人問題が時代思潮の中で、多くの関心を集めはじめたかを物語るものだった。

「青鞜」を女流文芸誌として発行することに熱意をもっていた生田長江とは、いつとなく疎遠になっていった。「青鞜」三巻五号の巻末に、それを暗示することわり書きが出ている。

「生田先生(長江氏)が本社と特別に深い関係ある方のやうに世間の人々が考へてゐられるやうですが、それは先生に於ても御迷惑とせられることだろうと思ひます。ここに本社に関する一切の責任は最後まで只私共同人のみの上にあることを明にしておきます。」

初めのうちこそ、すべて生田の意見に従っていたが、やがて「新しい女」たちは、自分の考えで一人歩きするようになった。のちに明は生田長江と家庭論をめぐって論争することになるが、保守的な女性観から脱けきれない生田にとって、婦人解放問題へと傾斜してゆく「青鞜」の女たちとは、いずれ早晩袂を分かつ運命にあったと言える。生田が「青鞜」を捨てたとも言えるし、「青鞜」が生田を必要としなくなったとも言える。それはまた、青鞜社の力量の充実を示すものに違いなかった。

しかしただ一つ言えることは、「青鞜」のわずか四年五か月、全五二巻の歴史の中途で、雑誌編集のポイントが切り換えられたことは、文芸誌としても婦人問題誌としても、どちらも中途半端のまま徹底を欠くうらみを残すこととなった。

「青鞜」が婦人解放への問題意識をもちはじめるとき、あらたに華やかな女流文芸雑誌が、まるで「青鞜」に対抗するかのように出現した。青鞜社から身を引いた紅吉(尾竹一枝)が、「青鞜」と同じ発行元の東雲堂から出した「番紅花《さふらん》」(大正三年三月)である。いかにも凝ったぜいたくな作りの雑誌で、小林哥津・神近市子ら青鞜社のメンバーのほか、松井須磨子・原信子・八木さわ子らの顔ぶれを揃えて、大いに気勢をあげるかに見えた。

しかし、「番紅花」は長く続かず、大正三年一一月、紅吉は富本憲吉と結婚して、世間並みの女の生活に入ってゆく。「番紅花」は、「青鞜」の枝から分かれた束の間のあだ花とでも言えようか。

恋愛から共同生活へ

運命的な出会いと障害

青鞜社のその後を辿る前に、ここで明自身の上に起こった、一人の男性との運命的な出会いについて語らねばならない。明がその男性と出会ったことは、やがて「青鞜」の上にも屈折した形で、影を落としてゆくことになる。

その出会いは、明個人にとっても、「青鞜」にとっても、実に絶妙なタイミングであったと思われるのである。

紅吉という型破りの女性の出現で青鞜社の内外が賑やかになってきた大正元年の夏(正確には明治四五年夏。七月三〇日明治天皇没後、大正と改元)、明は茅ヶ崎へ避暑に出かけた。紅吉が、茅ヶ崎の南湖院で、しばらく療養生活を送ることになっていたので、見舞いかたがた出かけたのだが、茅ヶ崎には昔から部屋を借りている馴染みの漁師の家があった。南湖院の療養生活では先輩の保持研子も、病院へやって来るし、他の青鞜社員も遊びにくるというふうで、一時は明の部屋が「青鞜」の移動編集室となったかの観があった。

八月半ばのある日、明を訪ねて、東雲堂の若主人西村陽吉がやって来た。東雲堂は当時文芸図書の出版で有名な版元であった。そこの若主人の西村陽吉は、自分も詩を書く文学青年である。陽吉は世評の高い女流文芸誌を、自分のところで発行したいという用件で、茅ヶ崎まで足をはこんだのだが、その彼が一人の青年を連れて来た。藤沢駅の待合室で、偶然ひろった青年である。これから茅ヶ崎の南湖院へ行くという陽吉に誘われるままついてきたのだった。

南湖院の応接室で、こちらは明・研子・紅吉、先方は陽吉・奥村博と名乗るその青年の五人が会った。これが明と博の運命的な最初の出会いであった。明と博の眼が合った瞬間、二人は運命の糸でしっかり結びつけられた。

白絣の着物に小倉織りの袴をつけた博は、真っ黒な髪をまん中から分け、当時めずらしい個性的な長髪にしていた。その髪形が、女にもまれなほど白い端整な顔によく似合って、並みの青年とまったく異なる雰囲気をたたえている。しなやかな長身全体から受ける優雅な印象は、良家の坊ちゃんという印象だった。軽くつまんだような上唇のあたりに漂う、まだ少年のような清純さに、明の魂はおののく思いである。

明の胸は瞬間にして、この五歳下の青年、二一歳の画家志望の男の心を抱きとってしまった。博もまたこのときのことを、自伝小説『めぐりあい』の中でこんなふうに書いている。

「浩《ひろし》は、はいりざまに自分に目をそそぐ女のひとりと真正面に目と目が合った刹那《せつな》、そのままそこに釘づけされてしまった。その人はなおもじっと彼から眼を離さず、彼は背筋を何か流れたと思うまに、いつか眼は燃え身うちを火が走った。――瞬間とはいいながら、このひと時に彼は実に長いながいときを経験した。青年になってこの方、まだかつて覚えぬ眼でひとりの女性を見たのである。」

博も、ただひと突きに心臓を射ぬかれた。

だが、紅吉はいちはやく二人の間に流れるものを読みとった。明にたいして同性愛的な感情をもっている紅吉の胸は、降って湧いたような美青年の出現に波立った。明・博・紅吉の三人の微妙な愛のトライアングルに、実はこのときもう一人加わっていたのである。トライアングルでなくスクエアだったわけだが、それは西村陽吉である。彼もこのときから、明の魅力にからめとられてゆくのである。

茅ケ崎の海辺で、こうしてはしなくも明をめぐる男と女の愛の構図が生まれ、紅吉の嫉妬が博をおびやかすことになる。そのいきさつは割愛して先へ進むことにしよう。

暑く華やかな海辺の短かい夏が過ぎ、明たちは「明治」から「大正」と改まった東京へ帰ってきた。その明のもとへ、博から思いがけない手紙が届く。

「池の中で二羽の水鳥が仲よく遊んでいたところへ、一羽の若い燕が飛んできて池の水を濁し、騒ぎが起こった。この思いがけない結果に驚いた若い燕は、池の平和のため飛び去ってゆく」という寓話に託した絶交状だった。

この手紙は博の友人で、前田夕暮の主宰する短歌雑誌「詩歌」の同人、新妻莞《かん》が博に入れ知恵して書かせたものである。「詩歌」の同人であった美青年の博にかねがね惹かれていた新妻莞は、明から博を遠去けようとしたのだった。この寓話の中の「若い燕」が、のちに年下の愛人、夫といった意味に使われるようになり、今なお生きることばとして残ることになった。

このときいらい新妻莞は、二人の仲を割くための邪魔をいろいろとするが、相よる魂はそんな小手先の策略をこえて、ついに二人は一つの命《いのち》に結ばれる日を迎える。大正二年六月、満開の山つじの紅《くれない》に掩われた赤城山に、二人は愛の初夜の褥《しとね》をもとめて登ったのである。

だが、そののちも新妻の執拗な厭がらせが、相変わらずつづいた。明はそれに対して、新妻への手きびしい公開状を「青鞜」に発表する。三巻九号の「手紙の中から」がそれである。私的なことを公開状の形にして、「青鞜」の誌上に発表したことについて、「因習的な世間の圧迫、周囲の干渉に悩み苦しんでいた当時の青年男女のこころを代弁して、対社会的に、あらゆる障碍《しょうがい》とたたかって、恋愛の権利を主張し、その自由を確立する必要を同時に感じていたから」（『元始、女性は太陽であった』下）と、明はそれについて説明している。

自分にかかわることを、同性全体の上にひろげてゆく問題意識は、明をはじめ青鞜社のメンバーに共通する態度だった。

明は赤城山から帰っていらい、いずれ遠くない日に、家を出なければならないと思うようになった。二人はもう三日と会わずにいられなくなり、博は明の家を足しげく訪れるようになった。

決心と質問状

明の円窓のある離れ部屋を訪れる客は、ほとんど女ばかりだったから、やってくると夜遅くまで長居する博の存在は、母親はじめ平塚家の人々の注意を惹かずにおかない。

平塚家の親子関係は、長女の孝のそれに較べ、明にたいしてはこの時代として例外的な自由が許されていた。この頃、姉の孝は夫の赴任地の関西へ移り住み、その長女の美沙子（明治四〇年生まれ）が祖父母のもとに預けられていた。

青鞜社のころの明の記憶をおぼろにもっている美沙子が、私に語ったところによると、「子ども心にも叔母は特別偉いひとのように思っていた。家の中でそんなふうに扱われていて、あっちの部屋（明の居室の離れ）へ行って邪魔してはいけないと、祖母からいつも言われていました」――こんなふうに特別扱いされてはいても、若い男がしばしばやって来て、夜更けまで居すわるようになると、母親の光沢は無言のうちに警戒的な態度を示すようになってくる。

そんなこともあって、今度は明のほうから小石川原町の博の下宿先を訪れるようにすると、「世間で問題の新しい女が出入りされては困る……」と、博が下宿から追い立てをくう羽目となった。それについて、「青鞜」四巻一号の「編集室より」に明は世間をはばかるふうもなく、大胆不敵なことを書いている。

「世間は私の大切な弟が私を愛し、私が又弟を可愛がってゐる為めに弟に僅一間の住家をさへも与へることをしない。私は私のために住家を失った弟を気の毒に思ふと同時に、私が屢々《しばしば》出入したり、ふたり連れ立って近所を散歩する為めに、人々の注意をひき、つまらぬ噂を生んだことに不安を起し、もしや自分の家が新聞にでも出されやしないかとの杞憂から立退きを請求した貸間人や、さうした世間の人達を今更のことでもないが不快に思った。世間は私が人を愛さうとする自由さへも妨げやうとするのだろうか。（中略）

私はこの半年、自分の中に今迄知らなかった色々な自分のあることを、未知の世界のあったことをあの弟によって、弟を愛することによって経験させられてゐるのだのに。私は弟が家を立のこうとする時、弟にかういった。

『あの壁一杯にどうしても落ちない油絵具でふたりの接吻している処を書いていらっしゃい。』」

明の性格の特徴の負けん気と、世間を恐れない強気なところが、ここにはよく現れている。明の誇り高い自我は、黙ってひき下がれない思いだったのだろう。

こうして明は家を出る決心をいよいよ固めてゆくが、現行の結婚制度に反発している自分の考えに、果たして博が同調してくれるかという不安があった。それにまた、冒険ともいえる未知の世界へ飛びこむ道連れにすることにたいして、予め覚悟をたしかめておきたい気持もあって、明はこんな質問状を博に渡して、彼の答えをもとめた。

一、今後ふたりの愛の生活の上にどれほどの苦難が起ってもあなたはわたしといっしょにそれに堪えうるか。世間や周囲のどんな非難や嘲笑、圧迫がふたりの愛に加えられるようなことがあっても、あなたはわたしから逃げださないか。

一、もしわたしが最後まで結婚を望まず、むしろ結婚という（今日の制度としての）男女関係を拒むものとしたら、あなたはどうするか。

一、結婚はしないが同棲は望むとすればどう答えるか。

一、結婚も同棲も望まず、最後までふたりの愛と仕事の自由を尊重して別居を望むとしたらあなたはどうするか。

一、恋愛があり、それにともなう欲求もありながら、まだ子どもは欲しくないとしたらあなたはどう思うか。

一、今後の生活についてあなたはどんな成算があるのか。

明はすでに博の両親の暮している湘南の藤沢へ出かけて、博の母のなみに会っている。父親の市太郎は八〇歳を越え、しかも失明の身の上だった。市太郎は六〇を過ぎてめぐまれた長男の博が画家になることを許さず、親子の争いが続いた末、とうとう家出同然の上京をして、画家の道を目ざした息子に、十分な仕送りをする力を失くしていた。明はなみに向かって、自分が博のことについて、母とも姉とも思える心で、これからの世話をさせてほしいという申し入れをしている。いわば、博といっしょになる諒解をとりつけにいったのだった。年上の女として、きめ細かな、当然の手順を踏んだわけだが、これが世間並みなら、男の側から女の家へ出向くのが普通である。質問状といい、このことといい、明がいかに能動的であったかを、物語るものと言えよう。

博は、明につきつけられた質問の箇条書にひどく厭な感じを受け、「これまでにこんなふうの問題を女の人から出された男が実際あるだろうか」（『めぐりあい』）と思うが、愛する女性へのひたむきな気持で、精いっぱい明に気に入られる答え方をしている。

「独立するに就いて両親に」　大正三（一九一四）年一月一三日に明は家を出て、博と同棲生活に入った。彼女が二八歳の誕生日を迎える直前である。大正三年の「青鞜」四巻二号の巻末に次のように公表されている。

「らいてうは今度家を離れて府下巣鴨町三ノ三に奥村博氏と自由なそして簡易な共同生活をいたすこととなりました。植木屋の離れというのであたりにあんまり家もなく大変心持よい家でございます。面会日は土曜日午前中。」

「青鞜」の同じ号に、明は家を出るにあたって両親に手渡した私信を、「独立するに就いて両親に」という見出しで公表している。先に新妻にあてた手紙の公表と同じように、あえて私信を公開

らいてうと奥村博
大正3年，伊豆にて

する明の気持には、自分の行動を世に問おうとする気負いがあった。みずから実践する新しい恋愛観、結婚観の価値を、社会に、ことに同じ問題で悩む世の女性たちに伝えたいという思いがあった。

こうした態度は「青鞜」につどう女性たちに共通のもので、彼女らがものを書くことは、いのちの叫びにほかならなかった。

「独立するに就いて両親に」と題した手紙は、なぜ家を出なければならないかについて、明の卒直な真情があふれている名文である。ここに至るまでの親子間の思想と感情の食いちがいについてことこまかに述べ、今まで幾度か決心しながら、決行できなかった「独立」を実行させてくれるのは、「全くHに対する私の愛の力だった」と堂々と告白する。

中でも次の一節は世に知られた有名なくだりで、明と博の関係が実によく言い現されている。

「一体私は妹や弟を有たないといふやうなことも多少関係しているのか自分より年下のもの——それが男でも女でも——に対して優しくしてやりたいやうな、可愛がってやりたいやうな心持を有って居りましたが、それがこの二三年来殊に明かになって、自分と同年輩の者や又はそれ以上の者は殆ど全く目にも止まらず、いつも愛の対象として現はれてくるものはずっと年下の者ばかりでした。そして私はそれらの人に対して姉らしい又は母らしい時には恋人らしい接吻を与へて参りました。私の生活の一部はそれらの人を可愛がることによって慰められ、暖められ、柔げられ、潤はされて来たのでした。ところがその人達の中でより多く私の心を牽き、私の心を動かしたのは静かな、内気なHでした。私は五分の子供と三分の女と二分の男を有ってゐるHがだんだんたまらなく可愛いいものになって参りました。そして姉や母の接吻はいつか恋人のそれらしく変って行きました。」

さらに次のくだりは、明が両親や世間にたいして、もっとも言いたかった点であろう。

「昨日お母さんから結婚もしないで、若い男と同じ家に住むといふのはおかしい、子供でも出来た場合にはどうするかといふやうな御話もございましたが、私は現行の結婚制度に不満足な以上、そんな制度に従ひ、そんな法律によって是認して貰ふやうな結婚はしたくないのです。私は夫だの妻だのといふ名だけにでもたまらない程の反感を有って居ります。それに恋愛のない男女が同棲してゐるのならおかしいかも知れませんけれど、だから其場合にこそ他から認めてでも貰はねばならぬ必要があるかも知れませんけれど、恋愛のある男女が一つ家に住むといふことほど当前のことはなく、ふたりの間にさへ極められてあれば形式的な結婚などはどうでもかまふまいと思ひます。ましてその結婚が女にとって極めて不利な権利義務の規程である以上尚更《なおさら》です。それのみか今日の社会に行はれる因習道徳は夫の親を自分の親として、不自然な義務や犠牲を当前のこととして強いるなどいろんな不条理な束縛を加へるやうな不都合なことも沢山あるのですから、私は自から好んでそんな境地に身を置くやうなことはいたしたくありません。」

家族制度下の性道徳観として、これは実に大胆な主張である。

それは明という女性の性道徳観にはちがいないが、彼女が依拠するのはエレン＝ケイの婦人解放思想であった。前にもふれているように、明はエレン＝ケイにたいする大きな共感をもって、大正二年の「青鞜」三巻一号から、ケイの著書「恋愛と結婚」の英訳本からの訳出を連載しはじめている。明自身の恋愛とケイの訳載は、同時進行の形ですすんだ。

「いかなる結婚でも、そこに恋愛があれば、それは道徳的である。たとえいかに法律上の手続きをへた結婚でも、そこに恋愛がなければ、それは不道徳である」と、一九〇三（明治三六）年に出版された「恋愛と結婚」（原題「生命線」）の中で、ケイは大胆な結婚倫理を示した。それは恋愛と結婚の不一致が当然視されていた、当時の古い結婚観への真向からの挑戦だった。ヨーロッパのキリスト教的一夫一婦婚の虚偽を告発し、純粋な恋愛のみを結婚の基礎に置くケイの性道徳革命の主張を、明は日本の封建的結婚制度への反逆の論理とした。

いらい、明の婦人解放思想と行動の根底には、ケイの思想が大きく位置づけられてゆくことになる。明がケイの思想と出会ったことは、日本の婦人運動の歴史にとっても意味深いことであった。

「青鞜」の終焉

愛と仕事と生活と　待ち望んでいた博との同棲生活がはじまる一方では、青鞜社の事務所を明の家に置かねばならない事態が起こり、明は「青鞜」の編集、経営などの一切の責任を負うことになった。

それまで青鞜社事務所をまかせていた保持研子が、一身上の都合で郷里へ一時帰ったのである。伊藤野枝と岩野清子が明を助けてくれたが、新しい事態の中で、明はたちまち疲れてしまった。同棲生活の精神的肉体的負担の上に、「青鞜」の編集責任の心労が加わったことは、長い間いわばお嬢様暮しをしてきた明にとっては、かなり辛いことだった。彼女は自分の肉体的エネルギーの弱さをかこち、自己を回復するために、西伊豆への旅に博とともに出かけた。不在中の青鞜社の事務は、野枝に預けていった。

この旅のことが「青鞜」（四巻七号）に出ている。当時の彼女の心境が、飾り気のないペンで書かれてある。

「あらゆるものを全体として感じ、味ふことが出来なくなると、私は自分の内生活の弛緩、堕落、自我の縮少《ママ》を感じてたまらないほど不安になる。その時私はいつも心に旅へ、旅へと叫ぶ。」

「人、ひとりなるはもとよりよくないことであろう、けれど常にふたりなるも自分にとっては等しくよくないことだ。自分達ふたりの愛の生活が自分の孤独な生活に食ひ込むやうになるのを感ずることは自分にとっては大きな不安である、不満である。」

「自分は人を、たった一人の人さへほんとうに愛することの出来ないのを悲しんでゐる。咎めてゐる。そしてどうかしてほんとうに愛さうと努力してゐる。けれど一方には人を愛し、人から愛されることから逃れやうといつも願ってゐる自分があるやうだ。

こんなことをいっても自分の心内の争闘は的確に表現されてやしない。何故なら今の私にはまだかういふ自分がほんとうに分らないのだ。今自分が感じてゐる矛盾・葛藤の正体がまだしっかりとは摑めてないから。都会から社会から多数者の力から、自分の小さな問題や仕事から逃れて『全体』と語らうとしてゐる自分は最後に只ひとり愛するものからも逃れてひとり海岸に突出した高い弁《ママ》才天の祠《ほこら》に腰かけて、長いながい間海の面を凝視して居る時もある。」

それは、明の偽らざる心境の告白だった。

「青鞜」の発行部数は東雲堂時代を頂天に、だんだん下り坂に向かう一方だったが、欠損の穴埋めも明ひとりの責任である。同棲生活の生活費の心配も、明の肩にかかっている。

仕事と実生活の重みが、新婚間もない明の上におし寄せてきた。

現実の波は明ばかりでなく、青鞜社の働き手たちの上にもおし寄せていた。人間としての自我に目ざめた彼女たちは、やがて恋愛に出あい、結婚生活へと入ってゆく。青鞜社から去って、「番紅花」を出していた尾竹紅吉（一枝）は富本憲吉と結ばれ、編集室の常連だった小林哥津は、紅吉の仲立ちで画家の小林祥作と結婚した。安田皐月《さつき》は音楽家の原田潤と結ばれ、原田皐月の名前で作品を発表するようになった。西崎花世は生田春月との出会いで生田花世となり、編集室でいちばん年若な伊藤野枝は、辻潤との間に一児をもうけ（大正三年）、翌年には二人目の男の子を産んでいる。岩野清子も大正三年に泡鳴との間に男児をもうけた。

明はまずなによりも、「青鞜」の発行と自分たちの生活のために、お金を作らなければならなかった。そのために、大正二年に出した評論集「円窓より」のあとに書き溜めてあった評論・感想をまとめて、「現代と婦人の生活」という表題の本を、大正三年一一月に日月社から刊行している。その稿料の一部を前借りして、滞っている印刷費の穴埋めをしてから、逃れるように上総の御宿海岸へ、博と共に出かけていった。一〇月中旬のことである。

留守のあいだの「青鞜」の発行については、伊藤野枝に全面的にまかせた。

この時分の明は、猛烈な頭痛に悩まされ、「上の方から重いものがかぶさって来てすっかりふさがって仕舞うような」頭の圧迫感に苦しんでいる。明は子どものころからの頭痛もちで、この宿痾《しゅくあ》には生涯悩まされつづけた。

そんな状態の中で明の願うことは「静かな時を得たい、静かに考えたい、静かに勉強したい、静かに書きたい」ということだけだった。

旅先の海辺で明が思うことは、雑誌の経営、編集といった慌しい散文的な生活が、いかに自分の本性とかけはなれたものであるかという反省である。ただいたずらに忙しく落ち着きのない心と体の疲労の中で、最愛の男性さえも十分に愛しきれない自分であることを、哀れにも、腹立たしくも思うのであった。

「青鞜」を譲る

御宿海岸の明のもとへ、野枝の手でつくられた「青鞜」(四巻一〇号)と野枝の手紙がもたらされた。野枝は自分の編集した「青鞜」の不出来だったことを口実に、次号の編集を一応ことわった上で、しかし、もし「青鞜」の編集発行権を全面的に野枝に譲り渡してくれるなら、辻と一緒に引き受けてやってみる覚悟はあるというのだった。

自分を生かすために「青鞜」を廃刊すべきか、いや自分の蒔《ま》いた種によって、ここまで育ててきた「青鞜」のいのちを、ここで断ち切ることは、いかにも残念すぎると、二つの考えの間を振り子のように揺れ動いていた明の心は、野枝の申し出を受け入れる方向へ動いた。

この間のいきさつを、「青鞜」五巻一号に明は「『青鞜』と私」と題して公表するが、同じ号には、「『青鞜』を引き継ぐに就いて」という野枝の手記も載っている。二人の書いたものを見ると、両者の立つ地点と心情の相違が実によく現れている。明は「慌しい雑事のために私の中の貴い力を放散し、私の生命の中から活力を奪い去られてどうしよう。自己を外にして、私の心の中の世界を育てることを外にして婦人問題も婦人の自覚も私にある筈がない」と、自己の内部へ回帰しょうとする。

野枝は、若さの気負いを思わせることばで、「助手の資格しかない田舎者の私がどんなことをやり出すか見ていて頂きたい。兎《と》に角《かく》私はこれから全部私一個の仕事として引きつぎます。私は私一人きりの力にたよります」と身構える一方、「今は社会的な運動の中に自分が飛び込んでも別に矛盾も苦痛もなさそうに思われました」と、自分の方向づけをしている。

「青鞜」は大正四（一九一五）年一月から、名実ともに野枝の責任で発行されることになった。今までの規約はすべて取り外され、無規則・無方針・無主張・無主義の立場で、世の女性たちに誌面を提供する。野枝の手で出されていた短い期間の「青鞜」紙上に、「貞操論争」「堕胎論争」「婦人社会事業論争」の三つの論争が行われ、堕胎論争では発禁処分を受けた。全期間を通じ、「青鞜」は三回の発禁の厄に遭っている。

大きな抱負のもとに野枝が発行するようになった「青鞜」は、一年二か月後の大正五年二月、六巻二号を最後として、無期休刊となった。野枝が辻潤のもとから、無政府主義者大杉栄のもとへ走ったからである。

茅ヶ崎の二人

「新しい女」たちの終幕

「青鞜」を野枝に譲ったあと、転地先から東京へ帰ってきた明は、社会問題や婦人問題について、まず基本的な勉強からはじめようと、アメリカ帰りの社会学者山田嘉吉のもとへ通いはじめた。ひたむきに学びたいという猛然たる意欲をもって、ウォードの社会学に取り組み、エレン＝ケイについても研究を深めようとした。

こうして勉強に専念しようとする矢先、彼女は自分の予期しなかった妊娠の事実を知っておどろく。

恋愛が主体的にえらびとったものでなければならないのと同じく、母となることもみずから求めた、自主的なものでなければならないと思う明は、母となることを避けて来たのだった。子どもをみごもることは、みずから選びとった恋愛の結果とはいえ、まだこのときの明の置かれた状態は、母になるという内発的な欲求をもつまでにはいたらなかったのである。

自己拡充の意欲に燃えている明は、子どもを育てながら、勉強が、仕事が満足にできるとは考えられなかった。まだ母となる条件はととのっていないことを思う明は、妊娠を避けるようにしてきたが、完全な避妊対策をとっていたわけではなかった。心情としてなにか避妊を受けいれかねるものがあり、そんな心の屈折の中で、はからずも新しい生命を宿すことになったのである。

個の完成と母性の実現との間の避けがたい矛盾について、明はペンをとらずにいられなかった。「個人としての生活と性としての生活との間の争闘に就いて」（「青鞜」五巻八号）がそれである。自分の中の「個人」と「性」との間の生活の調和をどう見付けてゆくか、それがうまくできるにはどうすればよいのか――、妊娠とともに明の前にのっぴきならない課題として生まれたこの苦悩こそ、これ以後の明の思想と実践の核となる、「母性主義」の土壌となるものだった。

こうした心の重い負担に加えて、思いがけず博の肺結核発病という事態が起こり、茅ヶ崎の南湖院に入院することになった。博の病気を気遣いながら、その年の暮れ、大正四（一九一五）年一二月九日の明け方、明は女児を産む。二九歳であった。

現行の民法を無視して結婚届を出さず、一つ戸籍に入ってない明と博との間に生まれた子は（曙《あけ》生《み》と名づけられた）、戸籍に「私生子」と記載された。

やがて博は南湖院を退院して、その前から茅ヶ崎で暮しはじめた明と曙生と共に、自宅療養の日を送ることになり、一家の茅ヶ崎生活がはじまった。

その年（大正五年）の一一月六日、大杉栄と連れ立った伊藤野枝が、ひょっこり茅ヶ崎の明のもとへ、博の見舞いということで顔を見せた。野枝は「青鞜」の休刊について、「もう少し落ちついてから、もっと小さなものにしてでも続けたい」と、言いわけめいたことを口にした。

大杉栄をめぐる多角恋愛のもつかから、神近市子が大杉を刺すという、いわゆる「日蔭茶屋事件」の惨劇は、その二日後に起こった。青鞜社のかつてのメンバーであった神近市子は、獄に下った。

この血なまぐさい事件が、「青鞜」のエピローグとなったことは否みえない事実である。「青鞜」の女たちの恋の季節は終わり、世に騒がれた「新しい女」たちの青春の日の幕がここに閉じられた。

Ⅳ

母性保護論争と新婦人協会

母性の苦悩からの出発

自我意識と母の愛

明の強烈な自我意識が「青鞜」を生み出し、またその強烈な自我意識によって、明は「青鞜」の編集、経営から退いた。明はなによりも、自分の自由な時間、自分の精神集中を可能とする心の世界をもとめて、雑誌のオーナーであり編集者である立場をはなれた。

だが、現実に母親としての日常がおとずれたとき、明は自分の自我のそとにある他我――赤ん坊の存在の重さを、いやというほど知らされる。むろん、そのことは十分に予期していたことだった。

「今後の私の生活は分裂の苦痛を経験せずにはすまないでせう。私の魂と私のもち得る限りある時間と精力とは自分の教養と、仕事と、生活のための職業と、愛人と、子供と、家庭との上にどのやうに分け与へられて行かねばならないことでせう。そして私は私にとって欠くべからざる第一要件である精神集注を今後は一層乱されもし、減じさせられもして行くことでせう。」（「『個人』としての生活と『性』としての生活との間の争闘に就いて」「青鞜」五巻八号）

その日のために、あらかじめこんなふうに覚悟はしていたものの、「個人としての生活」と、妻として母としての「性としての生活」の間に横たわる矛盾・葛藤に苦しむ毎日がはじまってみると、それは生半可な観念など吹きとばす、きびしい日々である。自分の時間をもつことはまったく不可能となり、本も読めず、仕事も手につかなくなった。

エレン＝ケイの母性尊重主義に傾倒する明だが、エレン＝ケイが唱えるように、母性を実現することの中にもっとも高く美しい統一と調和ある婦人の真生活を見るというふうには、実生活ではすんなりとゆかなかった。

母性の実現と自己実現――この二つ間に横たわる矛盾というものを、明ほど真正面から見据《す》えた女性は少ないのである。「個人」と「性」との間の争闘という問題意識は、原田皐月《さつき》にも伊藤野枝にもなかった。それは明が、この時代の女性としては、まだ珍しかった近代的個我意識の持主であることを示している。

明が身悶えするような思いで苦しむことになるこの問題意識は、現在もなお女性の解放途上に横たわる課題として、国際婦人年の運動の中で世界的な論議を呼んでいるところである。

初めて母親となった明は、ゆれ動く心の葛藤をくり返しながら、やがて笑いはじめたわが子の愛らしさにいざなわれて、母の愛を育てていった。

博の病気快癒とともに大正六年の夏一家は東京へ帰り、東京府下滝野川上中里に一戸を構えた。このときから博は博史を名のるようになるが、これは療養中に姓名判断に凝った彼が、自分で命名したものである。

この年の秋、明は二人目の子を産んだ。男児で、敦史《あつふみ》と名づけられた。これも予期しない妊娠だったが、二人目の子の出産は軽く、すでに母親としての経験を経ているので、初めのようなショックはなく、むしろ明は母親として居直った覚悟をきめて、張り切った毎日を過ごすようになった。生活のためのペンもとるようになり、三一歳の女盛りの明は、忙しく充実した明け暮れを迎えていた。

だがそれにしても二児の母親、主婦としての生活はきびしく、ペンをとるのは子どもらを寝かしつけたあと、自分の眠る時間を割いて机に向かうほかなかった。そんなことが続いたある夜、締切りに追われる原稿を徹夜で書いているとき、赤ん坊が乳を欲しがって泣きだした。いつものように乳房をふくませたが、一滴の乳も出ないことに、明はおどろき慌てた。

日常の疲労に加えて、徹夜の執筆の無理が、乳を干上がらせたのだった。このときから、明の乳はまったく枯れ、人工栄養に切りかえるほかなかった。母体の精神的、肉体的過労が、愛児の上にもたらしたこの不測の事態は、エレン＝ケイの主張する母性保護ということが、自分の切実な問題であることをあらためて明に自覚させることになった。

のちに与謝野晶子との間にはじまる「母性保護論争」で、明はエレン＝ケイの思想を足場にして論争を展開しているが、それはけっして単なるケイの受け売りでなく、自己の生身の体験を踏まえたものであった。それは明の生活を通して、血肉化された思想であり、理論であったといえる。同時代に生きたケイと明が、お互いについに知り会うことがなく、まして文通の機会もなかったことが惜しまれてならない。

婦人解放思想家エレン＝ケイ

スウェーデンの生んだ婦人解放思想家エレン＝ケイについて、ここで簡単に紹介しておきたい。

ケイは一八四九年にスウェーデンの大地主の家に生まれた。エレンの生まれた年の前年には、パリに二月革命が起こり、その影響がドイツはじめヨーロッパの国々に波及して、革命的な気運がみなぎる時代だった。日本は幕末の鎖国時代で、沿岸に外国船がしきりに出没してはいたが、まだ開港にいたらない頃である。

父は理想家肌の自由主義者で、長く下院議員をつとめた。母は貴族の出身だったが、社会の不合理に深い関心をよせる新思想の持主だった。この母を敬愛し、急進的な考え方の影響をうけたエレンは、「母は確かに一個のアナーキストであったにちがいない」と回想している。教養ゆたかな両親は恋愛結婚をしているが、富裕なその家庭には知的で芸術的な空気がただよい、思索的なエレンの魂を育てあげた。

ことに、すぐれて聡明な母親の注意深いみちびきによって、エレンは幼いときから文学に目をひらかれ読書に熱中する一方、音楽を愛し、乗馬、水泳、ボート、スケートにも興じる少女時代を送った。しかし彼女は実際的な家政の仕事には、いっこうに興味をもたずその能力もなかった。母親がそれを許し、娘の才能を伸びる方向のままに伸ばすことに協力したことは、エレンにとって大きな幸せであった。

一八六八年に、ケイ一家はストックホルムへ移り、エレンは政治家の父の秘書をつとめ、ヨーロッパ諸国を歴訪する機会にも恵まれるなど、学問と社会勉強に没頭する二〇代を送った。

三〇歳のとき父の事業の失敗から、自活のため女学校教師となり、やがて多年望んでいた労働者階級の啓蒙の仕事の一端として、ストックホルムの「労働学院」で、二〇年間にわたりスウェーデン文明史の講義を受けもった。学校教師としての教育活動のほか、一般市民や男女労働者の啓蒙活動の講演を行い、「生まれながらの雄弁家」と評されていた。

一九〇三〜〇六年にかけてエレンは、長年にわたる蓄積を注いだ生涯の主著といわれる『生命線』(「恋愛と結婚」はその第一部)を刊行し、それがドイツ語・英語・フランス語などに翻訳されて、世界的に有名になった。ついで一九〇五年に『児童の世紀』、一九〇九年に『婦人運動』を著した。この三つがケイの主要著作といわれるが、ほかに『母性の復興』『戦争、平和および将来』の著書がある。

ケイの著書は各国語に訳されて広く読まれたが、とくに第一次大戦前の戦争準備に追われていたドイツで受けいれられたことは、平和主義者の彼女の本意ではなかったにちがいない。第一次世界大戦にあたって戦争反対の立場を終始とりつづけたケイは、その著書を軍国主義に奉仕する目的で書いたわけではなかったが、誤った受けとり方をされる弱点をふくんでいた。

ケイの恋愛観は、進化論の立場から精神と肉体の一致が重視され、それによって「生命を増進する」こと、すなわち「新しい生命を創りだす」ことが価値あることとされている。恋愛と生殖（生命の増進）を結びつける考え方は、子孫の増殖という観点から軍国主義に利用されやすい一面があった。

ケイのこの生命を増殖する立場を重んじる考え方は「母性主義」といわれ、一名「生命主義」ともいわれている。ケイは恋愛によって新しい生命を創る母性の任務を重視し、母性についての社会の責任を強調しているものの、家庭中心の子どもの教育を主張し、社会的な集団教育を疑問視したことは、現在では、女性の社会進出に逆行する意見として、非現実的といわねばならない。そのほかにもケイの「母性主義」思想には、進歩性の限界があるが、ケイの思想を発展的に継承することは、今なお婦人運動の今日的課題である。

「人間であると同時に女性であること、市民であって個性をそなえていること――未来の社会的母性はこれ以下のものになりえないであろう」といったケイのことばは今も生きている。ケイは一九二六（大正一五）年七七歳で没した。

明ほどケイに惹かれた女性は、日本では他に見られない。ケイの著作「恋愛と結婚」を、明は「青鞜」誌上に六回にわたり訳載したほか、「母権」も訳載している。大正八年にはケイの『母性の復興』を訳して、新潮社から刊行した。

北欧スウェーデンの上層家庭出身のエレン＝ケイと明とは、穏やかな人間的気質の上で共通のものがあった。ケイと明とは、豊かに育った環境の点でも、似通っていた。明がケイから学びとったものは、終生変わることがなかった。しかも明は、ケイの説に依拠しながら、生涯独身で過ごしたケイとちがって、二児をもつ家庭婦人として社会の矛盾と闘いながら、ケイを超える現実的視点をもってゆくのである。

与謝野晶子との論争

与謝野晶子・平塚らいてう・山川菊栄（それに山田わかも加わっている）の間で行われた母性保護論争は、ふつうは大正七（一九一八）年の「婦人公論」三月号誌上に与謝野晶子が「紫影録」と題して書いた小文に対する明の反駁からはじまるとされている。しかし、その前駆的論争は、大正五年からはじまっていると見られる。

大正四年の総合雑誌「太陽」に、与謝野晶子が「一人の女の手帳」と題する「婦人界評論」を書き、その中で「所謂母性中心説」なるものに対する疑義を述べた。晶子は歌人として知られているだけでなく、大正期にはいると精力的にたくさんの社会評論を書いているが、婦人問題については女権論の立場から、論旨を展開していた。

晶子は生涯に一一人の子どもを生み育てたが、大正四年当時すでに九人の子の母親であった。次次に出産しながら、まさに超人的なエネルギーで旺盛な執筆活動をつづけた彼女は、自分の現実生活を踏まえた自信の上に立って、発言している。晶子がこの評論の中で、エレン＝ケイの母性主義にたいする的外れの批判をしたことに対して、明は「母性の主張に就いて、与謝野晶子氏に与う」（大正五年「文章世界」五月号）という反論を発表した。

ケイに私淑する立場から、明はケイの思想を正しく理解してほしいと願ったのである。

「過去の婦人問題が――いわゆる旧き女権論者等の主張の中に含まれてゐる婦人問題が、『女よ、人間たれ』と言うことだとすれば、今日の婦人問題は『人たる女よ、真の女たれ』といふことではないでせうか。あなたも恐らくは、わたくしのこの見方に御同意下さるでせう。そしてエレン・ケイこそこの『人たる女よ、真の女たれ』と説く新しい婦人論のチャンピオンなのでございます。」

与謝野晶子

明は晶子にこんなふうに言い、女権論者が、男女の人間としての本質的平等面に重きを置く反面、女性の性としての差別面を明らかにし得ないことを批判する。エレン＝ケイは婦人労働を否定するのでなく、母性としての女性の性を強調して、劣悪な労働状態によって、歪められる母性の権利の保護を主張しているのだと、明はケイの思想を解説している。いわゆる「母性保護論争」に先がけて、二人の間にこうしたエレン＝ケイをめぐる批判、反批判のあったことは記憶にとどめる必要がある。

さて、大正七年の「婦人公論」三月号の「紫影録」と題する感想は、「女子の徹底した独立」という見出しで、国家による母性保護は、婦人の経済的独立に反する依頼主義だと論じたものだった。晶子は、欧米の婦人運動によって唱えられている、妊娠・分娩の時期にある婦人が、国家にたいして特殊な保護を要求しようという主張、つまり母性保護の主張は、従来の婦人が生殖奉仕によって男性に寄食することと同じ奴隷道徳であるといって、反対の立場をとった。

さらに晶子は、男女ともに経済上の保障のない間は、結婚・分娩は避けるべきだと言い、「妊娠の時と分娩の時とに予め備へる財力の貯蓄をもってゐない無力な婦人が、妊娠及び育児といふ生殖的奉仕に由って国家の保護を求めるのは、労働の能力のない老衰者や廃人等が養育院の世話になるのと同じこと」と言った。

明は晶子の説に、むしろおどろきと怒りさえおぼえて、さっそく「母性保護の主張は依頼主義か」（大正七年「婦人公論」五月号）という反論をした。明は晶子が母性保護の問題を個人的な立場からばかり見ていることが納得できなかった。それに婦人の経済的独立といっても、まだ労働範囲は狭く、終日駄馬のように働いても自分ひとり食べてゆくのがやっとの低賃金のわが国では、一生結婚のチャンスが得られないことにもなりかねない。もし晶子説を実行するなら、その前に婦人の職業教育の奨励、職業範囲の拡張、賃金値上げなど、婦人の労働状態の改善をする必要があると考える。晶子のように特殊な才能に恵まれた女性の場合は別として、日本婦人の現状では、「女子の徹底した独立」ということは、まったく空論としか思われない。明の反論はこんなふうである。

「元来母は生命の源泉であって、婦人は母たることによって個人的存在の域を脱して社会的な、国家的な存在者となるのでありますから、母を保護することは婦人一個の幸福のために必要なばかりでなく、その子供を通じて、全社会の幸福のため、全人類の将来のために必要なことなのであります。

これほど母の職能は社会的性質をもって居るのであって見れば、婦人が子供のために労働の能力を失ってゐる期間だけ国家の保護を求めるのと『老衰者や廃人が養育院の世話になる』のと同一に論ずるのは間違ってゐると思ひます。のみならずたとへ同一だとしても、それをもって非難の理由とすることは出来ますまい。何故なら保護者のない老衰者や廃人を彼等に代って世話するのは国家の義務なのですから、殊に生涯を通じて働いてもなほ老後の生活の安全が保証されない又はそれ丈の貯蓄もなし得るほどの賃銀が得られないやうな経済状態にある現社会では。」

母性保護論争の意義

論争のその後の経過をことこまかに説明することはここでは避けるが、明と晶子の主張はどこまでも平行線であった。明は、母性の保護こそ女子の経済的独立を完全に実現する唯一の道であって、母性を保護しないで女子の経済的独立を説くことはまったくの空論だと、一貫して晶子の主張を「空想的」だと退けてゆずらなかった。

明のこの視点は、つまり母性の権利を社会的に保障せよという論点は、今日においても新しく訴えるものがある。明が言うように「経済的独立ということは、既婚・未婚を問わず、婦人が個人の尊厳をたもち、自由と独立を得るための、不可欠の条件というべきもの」であるにかかわらず、今なお女は結婚と職業の両立ができにくい状態に置かれている。

ではなぜ、明の主張する母性の権利が、その時から半世紀をはるかに過ぎた今なお確立されないのだろうか。

その答えは、この論争に参加したまだ無名であった山川菊栄によって、当時すでに明快に出されている。

「与謝野、平塚二氏の論争」（大正七年「婦人公論」九月号）の中で、菊栄は、二人の所論にみごとな結論を与えている。彼女は、与謝野晶子の言う婦人の経済的独立と平塚らいてうの言う母性保護の必要をともに認めた上で次のように述べている。

「婦人はもとより育児の外に能なき動物でもなく、家庭に蟄居《ちっきょ》して世を終らねばならぬ義務もない。又無為にして社会に寄生する権利もない。されば婦人が能力に従い好む所に従って労働することが許されねばならないと同時に、その労働に対して生活の権利をも認められねばならない。然るに在来の社会は婦人に対して労働の権利を拒むと共に、その生活の権利をも否定して居た。そこで前者を強調すべく現われたのが、機会均等の叫びをもって終始して居る旧来の女権運動で、これが修正案として後者を提唱すべく起ったものが母権運動である。労働の権利を専ら要求して生活権の要求を忘却したのが前者の欠陥であり、母たる婦人のみの生活権の要求に甘んじて、万人の為めに平等の生活権を提唱することに思い及ばないのが後者の至らない点である。そして現在の経済関係という禍の大本に斧鉞《ふえつ》を下そうとしないで、その存続の成果として現われたる諸現象に対するに、経済独立とか母性保護とかいうような不徹底な彌縫《びほう》策をもってしようとする所が、両者に共通の誤謬である。」

菊栄は、女の問題を社会科学の立場から分析して、母としての婦人の生活権を完全に保障するためには、「禍の大本」である社会の経済関係の変革が必要であると論破する。つまり婦人の経済的独立も母性保護の保障も、資本主義下においては徹底を期しがたいというのである。

与謝野・平塚の二人の論拠が、自分の体験を踏まえた実感的なものであるのにくらべ、山川が女性解放の問題を社会の発展と関連づけて論じたことは、将来への展望をはらむ新しい視点であった。

この論争は、婦人のかかえている問題を、浮き彫りにはしたものの、結論らしいものはとくに生まれなかった。けれども、婦人運動の揺籃《ようらん》期に行われたこの論争は、その後の婦人の実践活動の理論的土台となって、三人の論者によって代表される女権主義・母性主義・社会主義に立つ婦人運動が、大正期に花ひらくことになる。大正以降の婦人運動を眺める上で、その前駆的な理論闘争がこんな形で行われたことは意味深いものがある。まさにそれは山川菊栄がその論文の中で言うように、「婦人問題を惹起し盛大ならしめた経済関係そのもの」に衝き動かされたものであった。

しかも、この論争で提起された婦人の労働権、母性の権利ともに、今日なお不十分な状態で、女性の社会的解放の障害となっていることを思うとき、この古い論争が現在の婦人問題の核心と直結していることに、今さらの感を深めるのである。

明が大正一三(一九二四)年に書いた論文「寧ろ性を礼拝せよ」の中で次のように言っていることは、今日の婦人問題の核心を衝くものと言えよう。

「本当の婦人解放は、婦人の家庭生活と職業生活との調和において見出さるべきもので、これは二つの生活を両立せしめ得るところの社会制度の中に求めるより外ありません。すなわち、わたくしが夢想する社会においては、すべての婦人が労働の自由を得て、男子と同様にあらゆる方面の社会的任務に従事し得るとともに、家庭における母の仕事もまた他の男女の仕事と同様(否それ以上にさえ)主要な社会的任務であって、それによって、収入は無論、社会的地位と一個の人間としての権利をも与えられるのでなければなりません。

母性保護制度も単に母の労働を禁止するというような消極的なものでなく、ここまで進んだとき、すべての婦人を完全に解放することが出来るでしょう。」

新婦人協会の活動

婦人運動の組織化をめざして

「青鞜」の無期休刊いらい、足かけ四年の歳月が過ぎていった。その間に時代は大きく変わっていった。大正三年にはじまった世界大戦は、大正七年一一月に終結した。大戦の影響で日本には好況と物価騰貴の波がおし寄せ、「船成金」「鉄成金」などが語り草となる裏側では物価騰貴に苦しむ民衆の声が、日ましに深刻さを加え、大正七年八月には日本中を震憾《しんかん》させた「米騒動」が勃発している。

前年の大正六（一九一七）年には、ロシアで社会主義革命が成功し、その余波が日本の国内にも及んで、デモクラシーの波が急激に高まってきた。

普通選挙の要求、労働運動、婦人問題、婦人労働者の問題など、社会にみなぎる革新の機運も、「青鞜」以後家庭の中ばかりにいた明の心を揺さぶる。

それればかりでなく、明一家の上にも明るい変化が訪れていた。大正七年に上中里の借家から、田端の高台に建つアトリエつきの二階建の家に移ることになるが、それは明の両親の買ってくれた家である。このころから、明が家を出ていらい往き来のなかった、曙町の家との接近がはじまった。

親子四人が落ち着ける自分の家が出来たこと、二階の六畳を自分の部屋にとれたことが、明の心をどれほど安定させたか分からなかった。家を出ていらい初めてもつことが出来た、自分の部屋で原稿書きに励む一方、明はしきりに実際運動への意欲をかき立てられるようになった。かつての日、自己の要求、自己完成という個人の内側だけに向けられていた彼女の目は、実生活の体験と国内に高まるデモクラシーの波の中で、急速に社会の動きへと向けられていった。

「今こそ女の立場から、社会改革に立ち上がらねばならないときだ」と明は思う。彼女は時代の主役〝民衆〟の側に自己を置いて、個の確立から一歩進めて女性の連帯への道を歩みはじめようとする。

田端の家にて

社会改革のための、婦人の組織的な団体運動を起こし、志を同じくする婦人が結集して、婦人の社会的解放をかちとるべきだと考える。

その第一番目の目標は、女の政治的無権利の現状を改めることなしには、なにをすることもできないから、婦人参政権要求の運動を起こすことだった。つまりその要求は女権論的な男女平等をかざしての参政権要求ではなく、女性に不利な封建的諸制度を改め、母性保護制度を実現するために必要な要求であった。

大正八(一九一九)年夏、明は山田わかと共に、「名古屋新聞」主催の婦人問題講習会に講師として出かけ、そのあと愛知県下の繊維工場に働く婦人労働者の状態を視察して回った。このとき案内役をつとめたのが、元名古屋新聞記者の市川房枝である。

明は、市川房枝のキビキビした実務家肌の人柄を見込んで、自分が新しくはじめる社会運動の片腕になってもらった。明より七歳下の房枝はこのとき二六歳で、労働問題や婦人問題に関心をもっていた。明が市川房枝に着目したことは、運動を進める上で有力な同志を、その陣営に加えることになった。

明が起草した、「新婦人協会」(初めのうちは日本婦人協会と仮称していた)の趣意書の大要は次のようなものである。

「婦人も亦婦人全体のために、その正しき義務と権利の遂行のために団結すべき時が来ました。今こそ婦人は婦人自身の教養、その自我の充実を期するのみならず、相互の堅き団結の力によって、その社会的地位の向上改善をはかり、婦人としての、母としての権利の獲得のため、男子と協力して戦後の社会改造の実際運動に参加すべき時であります。若しこの時において婦人が立たなければ、当来の社会もまた婦人を除外した男子中心のものとなるに相違ありません。

私共は日本婦人がいつまで無智無能であるとは信じません。(略)しかるに是等の婦人の力が一つとして社会的に、もしくは社会的勢力となって活動して来ないのは何故でありましょう。全く婦人相互の間に何の連絡もなく、各自独立の状態にあって、少しもその力を婦人共同の目的のために一つにしようというような努力もなく、又そのための機関もないからではないでしょうか。私共はそう信ずるものであります。是れ私共が微力を顧みず、同志を糾合し、ここに婦人の団体的活動の一機関として『新婦人協会』を組織し、(略)その目的を達せんことを期する所以であります。」

この趣意書をもとに運動に着手したのは、大正八年一一月であった。田端の家の二階、明の書斎が創立事務所となる。新しい働き手として、明より一〇歳ほど若い、女子大家政科卒の奥むめおが加わった。二〇〇名に及ぶ男女の賛助者もできた。発会式を挙げるより先にまず取り組んだのは、婦人参政権と母性保護の要求に関連する二つの請願――治安警察法第五条の修正と花柳病男子の結婚制限法制定の仕事だった。

時代の気運は、前年の米騒動で退陣した軍閥内閣の寺内内閣に代わって、政友会原内閣へと移り代わり、この最初の政党内閣のもとで、普選案提出が目前に迫っているときであった。

治安警察法五条の改正

治安警察法のことは前にもふれているが、その五条とはどんな規定だろうか?

その第一項には「左ニ掲クル者ハ政治上ノ結社ニ加入スルコトヲ得ス」として、「一、現役及召集中ノ予備後備ノ海陸軍人。二、警察官。三、神官神職僧侶其ノ他諸宗教師。四、官公私立学校ノ教員学生生徒。五、女子。六、未成年者。七、公権剝奪《はくだつ》及停止中ノ者」と記してあり、第二項には「女子及未成年者ハ公衆ヲ会同スル政談集会ニ会同シ若ハ其発起人タルコトヲ得ス」と記してある。

この条文にたいして、新婦人協会の運動がまず第一項目中の「五、女子」の三字を削ることと、第二項中の「女子及」の三字を削ることを議会に請願したのは、あまりにも当然の要求であった。この僅か六文字のために、女性は法律の壁にさえぎられて、選挙制度がはじまっていらい政治上まったくの無権利状態に甘んじなければならなかったのである。政党に入ることも、政談演説をやることも、演説を聴くこともできないようなことでは、婦人参政権運動をはじめる手がかりすらないのだった。もしこの五条違反——たとえば演説会に女性が顔を出したりしたら、警官に追い出されるばかりか、警察署や検事局へ呼び出される。

花柳病男子の結婚制限法制定については、ちょっと説明が必要かもしれない。花柳病ということばは今日の性病にあたるもので、請願事項にはこの病気にかかっている男子は結婚できないとか、結婚に際して男子は相手の女性に健康診断書を提示せよとか、夫が花柳病にかかったり、病毒を妻にうつしたりしたときは、妻は離婚を請求することができるといった事項が並んでいる。女性の立場から、世の妻と子供とを花柳病の災害から護るため、こうした病気をもつ男子の結婚を取り締まるべしという趣旨のものだった。

治警法五条改正という政治的課題とくらべ、この花柳病男子の結婚制限法制定というのはなにか奇妙な印象を与えるが、これは明が身近に夫の性病の犠牲となって苦しむ妻たちの例をいろいろ見聞きしていた経験から、思いついたものだった。結婚はそもそも私的なものなのに、法律的な制限を設けるということについて、世評の反対はかなり多く、男子側ばかりでなく、女性にも与謝野晶子のような反対者もいた。しかし、請願書の署名数では、「花柳病」のほうが「治警法」よりも多数を集めている。

新婦人協会から貴族院・衆議院両院に提出した請願書とは別に、治警法五条の改正案が大正九年の第四三議会に議員提案で出されたが、審議未了となった。ひきつづきこの年一二月末召集の第四四議会には、日本女性として最初の婦人参政権要求——衆議院議員選挙法改正（婦人参政権と男女の普通選挙要求）に関する請願書が提出された。この請願は二三五五人の署名を集めているが、衆議院で不採択となっている。けっきょく大正一一（一九二二）年第四五議会で、治警法五条改正案が貴衆両院を通過し（二項のみの修正）、政治結社加入を除いて、婦人の政治活動の自由が認められることになった。つまり、政談集会に会同し、その発起人になるなどの自由が約束された。しかし、肝心な結社権が認められず、政党加盟の自由もないままの状態が、戦後の婦人参政権実現までつづくことになる。

新婦人協会の発足

新婦人協会の発会式は大正九（一九二〇）年三月二八日、東京上野精養軒で行われ、理事三名（平塚・市川・奥）、評議員一〇名（山田わか・坂本真琴・田中孝子・田中芳子・矢部初子・加藤さき子・吉田（大竹）清子・平山信子・塚本仲子・山田（菊池）美都ら）の役員が決定した。このとき、明の起草した次の綱領が満場一致で承認された。

一、婦人の能力を自由に発達せしめるため、男女の機会均等を主張すること
一、男女の価値同等観の上に立ちて、其の差別を認め協力を主張すること
一、家庭の社会的意義を闡明《せんめい》すること
一、婦人・母・子供の権利を擁護し、利益の増進を計ると共に之に反する一切を排除すること

この綱領には、明の女性解放思想がたいへんはっきりともりこまれていることに注意したい。「男女の価値同等観の上に立ちて」というのは、男女の対等ということが、女性が男性とあらゆる面で同一ということでなく、男性は男性として、女性は女性としてあるがゆえに、お互いに対等であることを言っている。女は男のようになり得ないし、男もまた女のようにはなり得ない。このように男性・女性は性の相違の上に立ってはいるが、人間としての価値は同等である。「性の差別を認め」というのは、女が男と同じになることでなく、女性独自の「身ごもる性」としての立場において、男と相互に補いあい協力してゆくことを主張しているのである。そこには明が言うように「私達は『女性』から解放されるのではなく真の『女性』として解放されねばならない」（「明治末

年より大正初頭の我が婦人問題』）という、彼女の婦人解放思想の原点——女性主義あるいは母性主義の立場が示されている。「差別を認め」というのは、いわゆる「女性差別」を認めるということではない。

明は、「母性保護論争」を通過した地点で、「婦人と母と子供の権利の擁護」を掲げて、新婦人協会の旗上げをした。新婦人協会は対議会運動のほか、実際運動のプログラムとして、政治法律部・社会部・教育部・衣食住部の四つの研究部を置いて、会員各自が自分の希望する部で、研究活動を進めることにした。政治法律部では、さっそく民法改正試案にとりかかるほか、大正九年七月、一週間にわたる政治法律夏季講習会をひらく。穂積重遠・大山郁夫・長谷川如是閑・有島武郎ら一流講師陣が揃ったこともあるが、一〇〇名もの参加者（夜の科外講演には三〇〇名集まったという）があったことは、新婦人協会の運動にたいする会員の支持と一般の関心の大きさを示すものだった。大正デモクラシーの大きな波のうねりが、ここにも及んでいたのである。

「社会改造に対する婦人の使命」

この当時、協会の会員数は正会員・賛助会員・維持会員を合せて三三一名で、けっして大きな数ではなかった。けれども創立当時から予定されていた機関誌「女性同盟」を、大正九年一〇月に発行し、対外的にひろく女性の社会的、政治的啓蒙にも乗り出した。

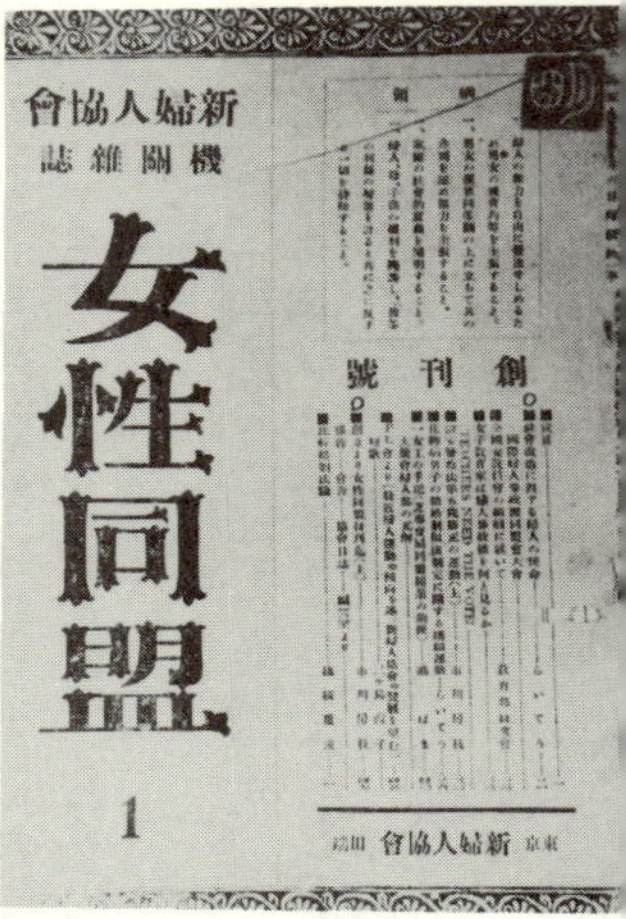

「女性同盟」創刊号

明はこの創刊号に、「社会改造に対する婦人の使命」と題する一文を発表した。これはかつての「青鞜」創刊の辞「元始女性は太陽であった」の一文と比較して、彼女の思想と実践の発展がようかがわれる文章である。一〇年の歳月は、日本の女性の現状や意識を変えると共に、明の婦人運動にたいする理解を深めさせた。青鞜社時代の明は、自分の拠って立つ婦人解放理論といったものはとくにもっていなかった。それはまずなによりも女性自身に、自我の確立を訴える精神運動として出発したが、新婦人協会の運動の根底には、母性主義の理念が確固として横たわっている。それは、「性を超越したところに自由な、高貴な精神を夢想していた十年前」の明には、とうてい想像も及ばなかった、妻として母としての体験に裏打ちされた思想であった。明はこの文章の中で次のように言っている。

「今や私共は人間としての自覚から更に進んで女性としての自覚にはいりました。あの個人主義的な（寧ろ狭隘《きょうあい》な意味での個人主義的な）婦人論は最早過去のもの、時代おくれのものとなり、婦人思想論の中心問題は、男女対等、男女同権、機会均等などの問題から、両性問題（恋愛及結婚の問題）、母性問題、子供問題へと移行いたしました。そしてこれは同時に個人主義から集団主義へ、利己主義から利他主義への移行を意味するものであります。

　こうしてこれ迄男子からも認められず、又婦人自身もその価値を知らずにいた人間創造の事業、即ち母となるという家庭に於ける女性の愛の仕事は全く新な、尊厳なそして重大な社会的並に倫理的意識をもって婦人の心に復活して参りました。婦人の天職は矢張り母である。併し新しき母の仕事は只子供を産み且つ育てることのみではなく、よき子供を産み、且つよく育てることでなければならぬ。即ち種族の保存継続以上に種族の進化向上を図ることが、生命という最も神聖なる火焔を無始から無終へと運ぶ婦人の人類に対する偉大なる使命であらねばならぬ。ここに婦人の、母の尊い社会的意義があるのだと感ずるようになり、恋愛・結婚・生殖・育児・教育を通じての人類の改造（社会の根本的改造）を最後の目標とするところの女性としての愛の解放、母たる権利の要求こそ最も進歩した婦人運動の目的であるというところに到達したのであります。」

　女性としての自覚をもち、婦人自身としての愛の仕事に生きようとする女性にとって、現在の社会はあまりにも息苦しい。私共がいかに母性を尊重し、母となる権利を主張してみても、多数の婦人がパンに飢えている現在の経済制度の下では将来母となるべき多くの娘たちが、工場で働いて資本家の利己心の犠牲となり母性を破壊されている。働く母親たちの産前産後の保証もない。母権が社会的に確立されず、母子の生活が夫であり父である男子だけに一任されているようなことでは、女性の自由は求めるべくもないと言うのである。

さらにこの文章の中で、明はつよく平和主義を訴えている。母親にとって最大の脅威は戦争であって、自分らの産み出した無数の人間が公然と殺戮《さつりく》されることに対して、女はなんの発言権もなく傍観するのみであることの、不条理を追求する。そして、女性としての愛の生活を完成するために、この不都合な社会を改造しなければならないと主張する。

「曽《かつ》ては人間としての立場から、男女の平等無差別を標榜《ひょうぼう》して、男子と同等の諸種の権利が婦人のために要求されました。併し今日の私共は更にそれ以上、女性としての立場から婦人の権利であり、義務である母の生活を完うするための実生活上の必要から諸種の権利を要求いたします。即ち初期の婦人運動に於ては、婦人参政権は政治上の男女の平等を持ち来すものとしてそれ自身が目的であるかの観がありました。ところが私共の参政権要求は、獲得した参政権を或る目的に向って有効に行使せんがためであります。そしてここに謂う或る目的とは既に繰返し述べた如く、女性自身の立場からする愛の自由とその完成のための社会改造であって現在の男性本位の社会を、その社会制度を是認し、その上に立って今日政治家と呼ばれるところの男子達と共に只国民としての立場から所謂政治問題を論議せんがためでないのは言うまでもありません。」(傍点筆者)

引用が長くなったが、ここには新婦人協会の運動に託した明の思想が卒直に述べられている。その点、明の片腕となって活躍した市川房枝は「当時の私にはそれこそ女権主義も母権主義もイデオロギーもなく、一途に婦人の地位の向上、権利の獲得を望んでおり、平塚氏を信頼し、そのいうままをうけ入れていた」(「市川房枝自伝」)と言っていることと対照的である。

夢と現実と　明ははじめ新婦人協会に、さまざまの夢を描いた。最初に考えたことは婦人会館をつくり、これを婦人運動、婦人労働運動のために役立てることだった。自分が設計し、専門家に頼んで青写真まで作ったことは、元来夢想家肌でない明としては、珍しいことだった。それというのも、世界大戦後の成金続出時代の世情が、寄付集めなどに楽観的な気持を与えたからである。だがこのせっかくの構想は、翌大正九年からはじまる大恐慌下の経済情勢のもとで、幻の婦人会館となって消えた。

けれども、新婦人協会の規約にももりこまれてあるように、さまざまの計画が明の脳裏には温められていた。実際運動に着手する一方、婦人労働者のための学校や新聞を発行して、婦人労働組合をつくることとの基礎づくり、婦人問題・労働問題・生活問題その他の社会問題についての講演会の開催、婦人身上相談、職業紹介、結婚媒介、女子大学講座の開設——、さらに、女子高等教育、小学大学の男女共学の要求を掲げていることにも注目したい。

実際運動のプログラムをつくる重要な機関として設けられた研究部のことは前にふれているが、教育部は全国小学女教員組合をつくるため、その組織方法について研究を進めることになった。協会の会長には小学校教員が多数加わっていて、熱心な活動家もいたが、女教師が中心になって

らいてう一家

結成した広島支部では、のちに当局の干渉が行われ、広島女教員事件と呼ばれる紛争がもち上がるといったことがあった。

社会部は、花柳病男子結婚制限法の研究を当面の課題とした。衣食住部は希望者が少なかったので、部としては機能しなかった。

明は、新婦人協会の運動の上に、どれほど沢山の夢を描いたかしれない。そのためにこそ、生まれつき頑健でない自分の健康や、内向的な性格、それに妻・母としての家庭の条件を省みず、全力を挙げて実際運動に取り組んだ。昼夜を分かたず対議会運動の烈しい活動を進め、ペンと行動の日日に没頭した。

けれども、過度の心身の疲労が積み重なって、猛烈な自家中毒症状が起こり、外出も不可能な状態となったのは、大正一〇（一九二一）年の夏に向かうころであった。しかも健康の不調は明ばかりでなく、頑健そのものだった市川房枝の上にもしのびよってきた。困難な実際運動の渦中で、典型的な実務家肌の房枝と、非実務的な明との間には、いつとなく溝が生まれてきた。

独身者と家庭をもつ女との生活感情の差異もあった。はじめは二人の人間のタイプの違いが、運動を進める上でプラスになっていたのが、マイナスへと変わっていった。房枝との感情の摩擦ばかりでなく、明にはもっと辛い家庭の事情があった。運動に没頭している妻にたいする、博史の不満と怒りである。明は夫の不機嫌に苦しみ、夫婦生活への危機感すら覚えるようになった。

重苦しい協会内部の空気に堪えかねたかのように、房枝は大正一〇年七月に新婦人協会理事を辞任して、婦人問題・労働問題研究のためにアメリカへ渡った。明も病気療養のため、上総の竹岡海岸へ転地した。

このときいらい明は、新婦人協会の第一線から退いたが、協会もまた治警法五条の改正案成立を唯一の成果として大正一一(一九二二)年末に、解散の日を迎えた。その解散の挨拶の中で、明はこんなふうに言っている。

「なぜ私が自分から解散を望むまでの心持になったかと申しますと、それは創立以来二年ばかりの間の経験から来ました婦人の団体生活——少くとも日本の現在の婦人の団体生活に対する疑惑、不信、失望のためでございました。現社会の状態を見ますと、婦人団結の必要を益々痛切に感じさせますのに、今日の私共婦人は残念ながら団結に必要な要素をその心の中にもって居りません。更に申しますなら団体を破壊するやうな要素ばかりが異常に発達してゐるやうに思はれてなりません。かういふことを事毎に眼のあたり見たり聞いたりしなければならなかったことは、私にとっては何とも言ひやうのない淋しいことでした。悲しいことでした。しかも私は団体の構成者である婦人各自の心の内に潜んでゐるこの団体の敵に対する時ほど、自分自身の無力を感じたことはありま

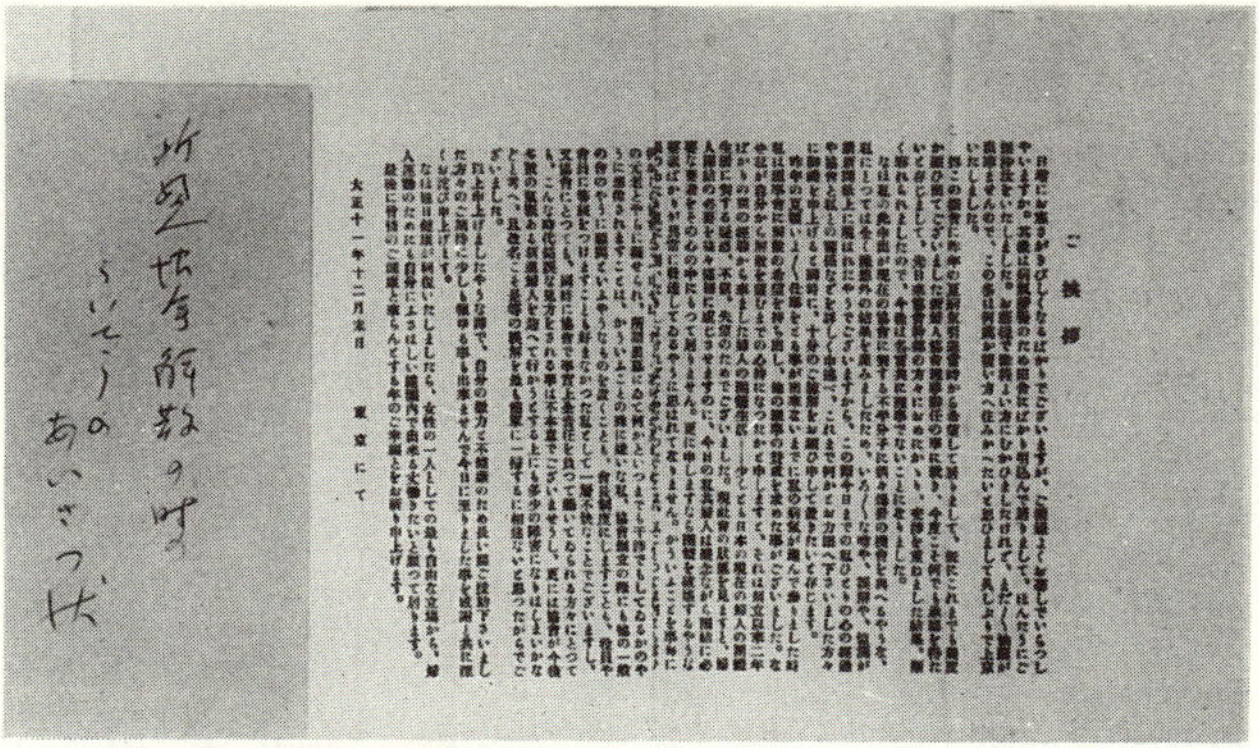

新婦人協会解散の挨拶状

せんでした。（略）何としても今日の婦人の団体生活そのものに対するこの絶望的な疑念は私にとっては実際どうしやうもない大きな打撃でございました。この心の上の打撃が前々からの過労と一緒になってこんな病症として私のからだの上に現はれて来、たう〳〵形の上でも働けないところまで私を押しこめてしまったとでも申しましたら一番当ってゐるかも知れません。」

解散を決意する明の心の中には、団体生活の訓練のない日本女性の現状にたいする、苦い失望があった。女が運動体に結集し、団結して運動を進めるには、また、日本の女性も、日本の婦人運動も未熟な時代であった。

こうして、治警法五条改正を唯一の成果として新婦人協会は解散したが、いわばそれはその後に起こる婦人政治運動の露払いとしての役割を果したのであった。

新婦人協会解散後二年を経過して、婦人の政治運動の大同団結が行われ、「婦人参政権獲得期成同盟」（のちの婦選獲得同盟）が結成された。この時期から日本の婦人運動は、婦人参政権実現をめざす市民的婦人運動と無産婦人運動の二つの潮流を形成しながら、やがて到来する一五年戦争下のファシズムの波に呑《の》まれるときまで、それぞれの活動を展開したのであった。

二年間の転地療養生活

逃れるようにして転地療養の旅に出た明であったが、やがてそれは一家ぐるみの思いがけない長旅となってしまった。というのは、明の病気を追うようにして、博史までが頑固な蕁麻疹《じんましん》を患い、その治療のため皮膚病によいという那須温泉の近くに一家をあげて移り住むことになったからだった。

明が新婦人協会の運動に取り組んでいる期間、夜も日もない有様で運動に没頭する明のかたわらで、彼は二人の子どもたちと共に、淋しい思いに堪《た》えていた。明が不在がちであったこともあるが、自宅を新婦人協会の事務所にしていた（のちに自宅の敷地内に建てた貸家に移る）こともあって、人の出入りが多くなったことに、彼の神経は堪えきれなかった。一日中家にいて画業に励む彼にしてみれば、家庭が空中分解したような、不満の思いをおさえきれなかったのである。そんな不安定な精神状態を察した明は、前から博史がフランスに行きたがっていたので、この際渡仏させようと、旅費の工面もして出帆の日取りまできめていた矢先の発病である。

そうした事情で、上総の竹岡海岸から栃木県の佐久山へ移り、さらに伊豆山へ転地して、一家が帰京したのは大正一二（一九二三）年春だった。

長女の曙生《あけみ》が学齢に達したので、成城学園に入学させるための帰京である。この年九月の関東大震災に千駄ヶ谷の露地裏の借家で遭遇した。

田端のアトリエつきの二階家も、敷地内に建てた二軒の貸家も、すでにそのときは手放してしまっていて、もうそこに住むことはできない身の上だった。それは新婦人協会の運動と、一家の流浪の生活の中で、失われた。そのことについて、明は両親から一言の咎め立ても受けていない。なぜ家を手放したかとたずねられたこともなかった。それは両親の明によせる信頼の、稀有なまでの大きさを物語っている。

家は失ってしまったが、この二年間の転地生活で明一家の得たものは大きかった。明も博史も健康を回復し、子どもたちは田舎の自然の中で、のびのびと両親の愛にはぐくまれる時間をもつことができた。

明はこの田園生活の中で、はじめて農村婦人の重労働を目のあたり眺めることができた。新婦人協会の運動を起こす前に、明は名古屋地方の繊維工場を視察して歩き、そのあまりの苛酷な労働状態におどろいたが、農村婦人の重労働は、それを上回る奴隷労働にひとしいものであることを知った。

たとえ行きずりの傍観者の立場にすぎないとしても、明は農家の女たちの極限状態の労働が、彼女たちの母性としての健康をどれほど破壊しているかについて、胸を痛めずにいられなかった。微

成城の家

温的な中産階級の日常生活の中にいる明にとって、しばらくの間にせよ、農家に部屋を借りて暮し村の生活に朝夕親しくふれたことは、思想の視野を広げる上で、意味のあることであった。

関東大震災と普通選挙の実施

関東大震災の渦中で、大杉栄と伊藤野枝が、東京憲兵隊に出頭を命ぜられ、扼殺《やくさつ》されるという惨劇が起こった。「青鞜」をゆずり渡したあと、明と野枝との交渉は絶えていたが、明は野枝のこの不慮の惨死に遭遇して、「婦人公論」に「私の見た野枝さんという人」という一文を書いた。

「ほんとうに野枝さんという人は正直で、純粋で、自然で、無邪気で、小娘のように可愛く、それでいて傲慢で、我侭で、意地張りで、利己的で、無責任で、図々しく憎々しいというように、不思議に全く相反した印象を人の心に残して行く人でした。」

明の胸に残るのは、かつての日、九州の生家を飛び出して、明を頼って青鞜社にやってきたころの、野枝の野生的な自然児の面影であった。青鞜社に集まった女たちは、みなそれぞれに自己の運命の道を辿っていったが、野枝の場合を一つの極北として、早死したり、悲劇的な生き方をした女性が少なくない。それは、時代に先がけて目覚めた女を待ちうけていた、苛酷な運命であったかもしれない。

明の一家は関東大震災のあと、千駄ヶ谷の借家から京王線の千歳烏山へ移った。長女の曙生、長男の敦史を成城小学校へ入学させたので、通学に便利な土地へ移転したのだが、やがて砧村の成城学園住宅地に家を新築して、昭和二（一九二七）年に引っ越した。それというのも博史が成城学園の絵画の教師を引き受けることになったので、成城教職員の住宅組合から、融資を受けられたからである。たとえ収入は少なくても、博史が定職をもったことと、自分の家ができたことで、一家にはようやく落ちついた暮しの日々がおとずれるようになった。

大正末期から昭和初年にかけてのこの時期、明は新婦人協会以来の病気を、家庭生活の中で静かに癒しながら、もはや婦人運動の第一線に立つことなく、文筆生活によって婦人運動の前進を援護する道をえらんだ。

大正一四年の普通選挙法の公布、昭和三（一九二八）年最初の普通選挙実施の歴史の波の中で、四つの無産政党が生まれるが、この情勢に対応して婦人の政治運動は無産陣営の婦人運動と、婦選を唯一の目的とする婦選獲得同盟などの、中産階級的婦人運動とに分かれていった。

昭和三年の総選挙に際して、明は「東京日日新聞」に「全婦人団体よ、婦選をその綱領に掲げたる無産政党を応援せよ」という一文を寄せている。過去の新婦人協会の運動を通して、既成政党が婦人にたいしてまったく無理解、無関心でなに一つ政策をもたないことに、明は絶望的な気持を抱いていた。それが普選実施によって、与党の政友会が突如として婦選をかかげ、婦選を党勢拡張に利用しようとする政治的意図を見るにつけ、明は既成政党というものの性格を、あらためて考えずにいられない。かつて明たちの婦選の要求を頑強に拒んできた既成政党が、婦選要求をかかげる無産政党に遅れじと俄かに婦選を取り上げる態度に、明は真の婦人の味方を見てはいなかった。

「無産階級の解放なしに、婦人の完全な解放はあり得ないということ、無産政党こそ婦人の支持すべき政党であるということ」(『元始、女性は太陽であった』三巻)を、明はこの時期に繰り返し論じ、婦人が無産階級の新勢力と合同して、婦人の真の解放をかちとらねばならないと主張した。婦選時代の到来を迎えて、明が従来の婦選運動組織に見られるような、女権主義的、超階級的な運動のやり方を批判して、全婦人団体の無産政党支持と婦人戦線の統一を訴えたことは、明の婦人運動論の先見性を物語るものと言えよう。

協同組合運動と戦時体制

昭和初頭の砧村――成城住宅地は武蔵野の自然を残す土地で、明はここに居を定めて家族とともに暮す静かな日々を、心から愛していた。二人の子どもたちは、川や野や雑木林を遊び場にして、すくすくと元気に育っていった。そのころの明の心境を物語るものに、こんな詩がある。

蛙なく

毎夜蛙の声をききながら眠るのはうれしい。
近くなくのを聞くのもいいが、
遠いのはまたたまらなくいい。
蛙の声をきいてゐると、
無限の世界にいつかつながってしまふ。
あしたのお小遣がなかろうが、
お米櫃《こめびつ》がからっぽだろうが、
もうそんなことはどうでもいい。

かつての日、あれほどまで悩んだ母の愛と自己実現をめざすエゴイズムとの矛盾葛藤は、いつとなく消え去ってゆき、いまは「二人の子どもは、わたくしという一人の女を完成させてくれる、神の賜物にほかならない」と思うようになった。やすやすとそこまで到達したわけでなく、家庭の中の愛の生活と仕事との間で、心を八つ裂きにされるような苦しみを経て、ようやく辿りついた心境である。そのことは、明の心の重心が家庭生活の上に、好むと好まざるとにかかわらず、移っていったことを物語るものであった。

こうして、運動の第一線にふたたび立つことのない日々が過ぎていったが、このころから明は協同組合についての関心を深めるようになった。クロポトキンの『相互扶助論』の影響によって、明は人類共通の本能としての協同心の中に、人類社会の理想を描くようになる。人間がもつところの相互扶助の本能を支柱とする、民衆自身による協同自治の社会組織こそ、真に人類が目ざさねばならないものだと考える。生物界に行われる相互扶助の法則は、相互闘争の破滅的なそれに反して、繁栄と進化をもたらすものであることを思い、その協同本能にもとづく協同組合運動への関心と情熱を抱くようになる。

「消費生活を相互扶助の精神により、協同の基礎の上に建て直すという、平和で、もっとも具体的で、実践的な手段、方法を通じて、資本主義組織を確実、有効に切り崩しながら、同時に協同自治の新社会を建設してゆくこの運動こそ、女性のわたくしにはもっとも魅力的なもの……」(『元始、女性は太陽であった』三巻) という明の認識は、理想主義的でありすぎるとはいえ、闘争という手段による社会変革を好まない、彼女の穏やかな変革への熱意を示している。

こうしたことから、昭和五(一九三〇)年、明は成城在住の志を共にする人々と一緒に「消費組

戸田井にて　昭和17年

合、我等の家」を、東京共働社消費組合成城支部としてつくり、消費組合運動の実践に乗り出した。

やがて「我等の家」は東京共働社から独立し、明が組合長となって苦しい資金繰りにも駆け回るという苦労を重ねながら、運営の第一線で頑張ったが、昭和一三年末には組合をもちこたえきれずに、他組合と合併している。この年三月、「国家総動員法」が成立し、統制経済に向かう戦時体制の波に呑まれるようにして、八年間にわたる明の懸命な協同組会運動の努力は失われたのだった。

消費組合運動に取り組んでいた時期、昭和五年に明は高群逸枝《たかむれいつえ》のよびかけを受けて、「無産婦人芸術連盟」のメンバーに加わっている。高群逸枝は詩人として出発した人だが、明は高群の詩を高く評価し、その独自の個性から生まれる、香り高い詞藻《しそう》と思想にほとんど熱中する思いでいた。

「高群さんほどわたしを惹きつけたひとはいない」と、明は生前よく私に向かって語っていた。高群もまた明にたいして、深く敬愛の念をもって、明の「精神の娘」とまで言っている。のちに孤高の研究生活にとじこもり、女性史学の前人未踏の業績「母系制の研究」「招婿婚の研究」その他の学問的成果を世に問うた高群の仕事は、かつて明が「元始、女性は太陽であった」と高らかに叫んだ直観的なことばに、学問的裏付けを与えるものであった。明と高群をかたく結びつけるものは、新しい自治社会の中に、母性文化の王国を築こうとする夢なのであった。

しかし、時代は一路ファシズムの支配体制へと傾斜を深めてゆき、民主主義・自由主義的なもの一切が否定されていった。昭和一六（一九四一）年一二月八日の米英への宣戦布告、その翌年三月に明一家は姉の孝一家が別荘を建てて暮している、茨城県北相馬郡小文間村字戸田井（現在、取手市）へ移り住んだ。世間に先がけての疎開だったが、明の心の中には消極的な戦争非協力の気持があった。知名婦人として東京にいるかぎりは、やはり何らかの形で戦争協力に引っぱり出されることになる。それに、戦時の強権下においてすでにものを書く意欲をなくしている明は、ためらわずに片田舎の農耕生活の道を選んだ。明はこの地で生まれてはじめて土を相手の生活を送り、農耕の体験を深めながら、六年の歳月を過ごすことになった。

V 平和と民主主義を求めて

新しいいぶきの中で

婦人参政権の実現と日本国憲法

茨城の疎開先から明と博史がさいわいに戦災をまぬがれ成城の家へ戻ったのは、昭和二二（一九四七）年の春であった。長男の敦史夫婦と孫たちとの同居がこのときからはじまり、甦った平和の中で明一家にも穏かな日々が訪れてきた。

ポツダム宣言を受諾して日本が降伏したときから、明は「民主主義と基本的人権の確立」を条件とする日本の進路の中で、婦人参政権の実現をいちはやく予感したが、それは敗戦の年昭和二〇（一九四五）年一二月一七日に衆議院議員選挙法改正の公布によって現実のものとなった。

戦災と戦後インフレに喘《あえ》ぐ婦人たちの間では、参政権の一票よりも炭一俵のほうがありがたいといった声があるほど、婦人参政権の実現は、長い間政治的無権利のもとに置かれていた日本の女性一般には、その意義が十分につかまれていなかった。

こうして日本の女性の新しい歴史の頁がひらかれるとき、明はかつての日の新婦人協会運動のさなかに、政友会の代議士永井柳太郎と交した会話を思い出すのだった。婦選運動の支持者であった永井は、新婦人協会が議会に出す婦選案の提出者になってもらう交渉に明が訪ねたとき、こんなふうに訊ねた。「あなたはこの運動の成果が何年くらいで達成される見透しではじめられましたか?」

そのとき明は、「早くゆけば一〇年くらいでなんとかと思っていますが、なかなか容易なことではないと覚悟しています」と答えている。そのとき明は三四歳だった。おそくとも五〇歳ごろまでには、参政権の実現はもとより、他のいろいろの婦人問題も解決しているという予想はまったく崩れさり、日本女性が参政権を得たとき明は六〇歳に達していた。

敗戦とともにもたらされた婦人参政権を、「マッカーサーの贈り物」と思うには、明の婦人運動者としての記憶はあまりに重かった。

その思いは、婦選ひとすじに苦しい闘いをくぐりぬけてきた、市川房枝ら婦選運動者の気持でもあった。事実、市川房枝らはかつての婦選獲得同盟のメンバーを結集して、あらたに結成した「新日本婦人同盟」に拠って、活発に婦人有権者への政治啓蒙運動をはじめた。それは往年の婦選運動者があたかも水を得た魚のように生きいきと活躍した、日本女性の政治的夜明けの季節であった。

明にたいしてもしきりに運動に参加するようよびかけがあったが、明は加わらなかった。明いま彼女がなにより心待ちに思うのは、新生日本の国の基本法である新憲法の公布であった。明は、新しは、新しく生まれる憲法に大きな期待をよせて、その日を待ち受けていたのである。

昭和二一(一九四六)年四月、新選挙法による総選挙で、はじめて婦人参政権が行使され、三九名の婦人代議士が出現して世間の話題をさらった。この婦人代議士をふくむ国会で、憲法改正案が審議され、この年一一月三日に新憲法が公布された（施行は翌年の五月三日）。

新憲法こそ、明が双手をあげて、心から歓迎したすばらしい贈り物であった。明は、公布された日本国憲法を、繰り返し幾度読んだかしれない。それは予想していたものよりも明をかなり満足させるものだった。ことに第一四条、第二四条は、この条項によって今まで女性が苦しんできた問題の大半が、解決されるのではないかと思われるほど、明にとってよろこばしいものだった。

第一四条「すべて国民は、法の下に平等であって、人種、信条、性別、社会的身分又は門地により、政治的、経済的又は社会的関係において、差別されない。」

第二四条「婚姻は、両性の合意のみに基いて成立し、夫婦が同等の権利を有することを基本として、相互の協力により維持されなければならない。配偶者の選択、財産権、相続、住居の選定、離婚並びに婚姻及び家族に関するその他の事項に関しては、法律は、個人の尊厳と両性の本質的平等に立脚して、制定されなければならない。」

男女平等の理念がこれらの条項の中で、明らかとなった。女性にたいするゆえない差別と偏見を、実生活から排除する拠りどころが、国の基本法に明記されたのである。けれども、明はまだそれだけでは十分に満足することができなかった。

もともと明がめざしてきた婦人解放の姿は、なんでもかでも女が男と同じ取り扱いを受けること

ネコとらいてう

をもって、目的を達するという性質のものではなかった。明の目ざす婦人解放というものは、「私達は『女性』から解放されるのではなく、真の『女性』として解放されねばならない」(前出)ということに尽きている。男女同権は基本的人権の上で、もっとも過ぎるほど自明の原理ではあるが、同権だけでは足りないのだ。明が新婦人協会の運動を起こす前から主張している、母性の権利の確立こそ女性の完全な解放をかちとるための必須条件であるという立場に立って、彼女が望むことは母性と子どもの権利規定を、新憲法の条項にもりこむことであった。

憲法の付属法規としての労働基準法に、一定の母性保護の条項はもりこまれてはいるが、明の主張は女子労働においての母性保護ということではなかった。むろんそれも必要ではあるが、女性だけに与えられている、子どもを産み育てるという仕事は、単に個人としての女性や家庭だけの責任でなく、それは種族の未来にかかわる公的なものとして国家社会から認められなければならない。母性の担う役割を公的なものとして認めて、母性の権利が憲法に明記されてこそ、女性の社会生活への道もひらかれるのではないか。

みずから一個の仕事をもつ女性であり、妻として母としての家庭生活の責任を背負いつつ、その両者の矛盾・葛藤に苦しんで生きてきた明にとっては、女性の仕事と母性の役割のよき調和が得られないかぎり、ほんとうの婦人の解放はないということが、理論としてよりも実感として胸につよくあったのである。

母性主義と平和主義

明は世を去る前に、病院のベッドの上で私にこんなふうに語っている。

「今の世の中は資本主義の尺度でもって、物の生産ということだけに、最大の価値を与えている。GNPがどうのこうのということがすぐもち出されるが、生命の生産——生命を産むということは、物を造ることとは比較にならないほど価値があることを知ってほしい。この価値が認識されてこそ、生命の尊重ということも、母性としての価値が公的に認められねばならないということにもなるのですから。」

生命を産む価値の認められないところには、生命の尊重も、子どもの尊重もなく、大量殺人の戦争否定の思想も生まれ得ない。母性尊重の社会にこそ、平和実現の可能性があるのだということを、明は諄々《じゅんじゅん》と説くのであった。

明の思想にある母性主義と平和主義は、切り離すことのできない、一枚の紙の裏表のようなものだった。明はエレン＝ケイから、母性主義を学ぶとともに、平和思想を学んでいる。「一切の婦人運動は、平和運動をもって完結する」と言ったエレン＝ケイのことばは、婦人運動の究極の目的が、単なる女権運動にとどまらないことを示している。

母性の権利を保護する社会の基盤には、真の民主主義の確立がなければならない。戦後、明が最大の関心と希いをもって取り組んだのは、かつて日本に根づいたことのない民主主義をほんとうに根づかせてゆくことと、世界に恒久平和をもたらすことだった。

過去のファシズムと縁を切った日本が、憲法によって高らかに平和国家の宣言をしたことは、明に大きな安堵《あんど》と喜びと希望を与えた。憲法前文にはこんなふうに書かれてある。

「政府の行為によって再び戦争の惨禍が起ることのないやうにすることを決意し、ここに主権が国民に存することを宣言し、この憲法を確定する」。そして九条には、戦争放棄の非武装国として の決意が表明されている。

戦争をもっとも嫌悪し憎む母性の立場から、女性が求めつづけてきた平和と軍備撤廃の希いが、いまや国の根本法規にかかげられたことを思うにつけ、明はこれからの世界平和に寄与しなければならない、日本国民の責務を思うのである。

「平和運動こそ今後の自分の使命」という考えのもとに、明は平和問題の勉強に懸命に取り組み、やがて世界連邦主義の理論に共鳴して、その運動体の世界連邦建設同盟に加わった。明には世界連邦主義というものが、ユートピア思想のように思われもしたが、広島・長崎の原爆体験をもつ日本人として、核戦争の脅威下で人類の安全と繁栄をもたらしてゆくには、国家主権を制限する世界連邦主義しかないのではないか——と考える。核の脅威下においては、一国だけで平和を守ることは不可能であることを思い、運動に参加したのだった。

こうして世界連邦の理念と運動にたいする信条は、最後まで変わることなくつづいているが、やがて世界連邦建設同盟が東久邇《ひがしくに》稔彦《なるひこ》を会長に推したり、保守党の政治家を役員にひっぱってきたりすることにたいしては、批判的な気持をもってゆく。妙な権威主義をふりかざしているようで、それは彼女のもっとも嫌うやり方なのであった。

戦後の世界情勢は目まぐるしく変わってゆくが、とりわけアメリカの対日政策は、昭和二四（一九四九）年一〇月に中華人民共和国が生まれる（前年の昭和二三年九月には朝鮮民主主義人民共和国が生まれる）などの情勢の中で、急速な転換期に移っていった。敗戦の大きな犠牲を払って、いまようやく民主主義に立脚する平和国家への道を歩みはじめた日本の方向が、ふたたび再軍備・戦争準備へUターンする雲行きとなったのである。

講和問題へのかかわり

こうした情勢の中で講和問題が起こり、アメリカはしきりに対日単独講和をいそぎはじめた。ソヴィエト・中国を除いた片面だけの講和では、日本の今後の中立は危くなる。日本の国土にアメリカの軍事基地を置き、アメリカの軍事力で日本の安全保障を得ようとすることが、平和国家を宣言する日本にとって、大きな矛盾であり、危険な選択であることを、明は深く惧れずにはいられなかった。

いまこそ、戦前とちがって政治上の権利をもつにいたった婦人たちが、かつての無権利時代のように傍観してはいられない。講和問題・平和問題にたいしてなんらかの声をあげなければという思いで、明は「非武装国日本女性の平和への願い」という一文を書きはじめた。ちょうどその矢先、対日講和促進のためアメリカのダレス国務省顧問が来日した。そこでこの文章の要旨の英訳に野上弥生子・植村環・上代たの・ガントレット恒子ら婦人界長老の署名をつらねて、ダレスに提出すると共に、同文の声明書を報道機関に発表した。

日本の運命を決定する講和問題の起こった昭和二五(一九五〇)年から翌年にかけて、明は日本女性の平和要望の先頭に立って、全面講和、再軍備反対、軍事基地反対、世界平和樹立の訴えをアメリカ当局と日本政府に、繰り返し行った。朝鮮戦争の勃発で、日本中にレッドパージのあらしが吹きすさぶ急激な反動化の中で、明を中心として敢然と講和問題についての声があげられたことは、日ごとに平和への不安をおぼえるようになっていた、婦人たちへの大きな励ましとなったのだった。

再び婦人運動の列に

講和問題への発言を皮切りに、明は一貫して平和への意思表示をことあるごとに行っていった。昭和二七(一九五二)年四月、参議院議員高良とみがヨーロッパ旅行の帰途ソヴィエトへ旅券なし(当時社会主義国への旅券は発給されないことになっていた)で入国した。高良はその足で中国にも立ち寄り、禁じられた社会主義国への入国を敢然と行い、大きな話題を捲き起こした。明は日比谷公会堂で開かれた高良とみの帰国歓迎会に出て挨拶した。この歓迎会には日本の急激な反動化に危機感を抱く各階層の婦人団体、個人がかつて例を見ないほど多数参加して非常な盛会であった。「この平和をのぞむ婦人たちを散らすべきではない」と考えた明は、この結集を平和のための婦人の統一戦線として、存続させてゆくことを歓迎実行委員会に提案した。

幅広い婦人の統一をめざして活動していた婦人団体協議会は朝鮮戦争勃発いらい無期休会となっており、日本婦人の戦争反対、平和にたいする意志を結集させる場は失われていた。高良とみの帰国が婦人たちの間に統一と団結の気運をもたらしていたこの時に、明の提案は大きな賛同を得た。こうして翌昭和二八(一九五三)年四月には日本婦人団体連合会が結成され、明は初代会長に推された。

すでに講和、日米安保両条約は締結され、容易ならない日本の前途が予測される情勢の中で、明が痛切にねがうことは平和をねがう婦人の力の総結集ということだった。

このときから明は戦後の婦人運動にかかわることになるが、彼女が目ざしたものはつねに婦人の団結と統一ということだった。それはかつての新婦人協会の運動の中で、胸に深く刻みつけたことであった。それについては前に掲げた新婦人協会の解散の挨拶の中で、明が繰り返し歎いていることである。

婦人の団結ということがなぜこうも難しいのかと、彼女は身を嚙むばかりの思いで残念でならなかったが、いま、婦人の歴史は新しく移り変わったのである。

ようやく日本に芽生えた平和と民主主義の双葉を、荒々しい逆コースのもとで踏みしだかれないためには、戦争を防ぎ、平和を守る力をつよくするほかなく、そのためには力の結集が必要であることが、迫りくる危機感の中で実感として、このとき女たちの胸に生まれたのだった。それはなんといっても女性の前進を物語るものであり、明にとっての大きなよろこびであった。

「一切の生命を愛護する母の愛」の立場――母性主義の立場に立って、力の支配でなく、母の愛の世界、婦人と子どもが尊重される社会を目ざす明のねがいの第一歩は、同じ思いの婦人の力の結集ということだった。それは国内的にもそうであるし、世界的規模においてもそうあらねばならないことだった。

恒久平和を目ざす婦人の国際的な連盟組織として第二次大戦後に生まれた国際民主婦人連盟から、世界婦人大会開催のよびかけが日本にもたらされたのは、日本婦人団体連合会結成以前のことだが、明は日本の婦人運動が国際的な連帯の中で、より大きく発展することをねがい、この運動にも協力した。世界の婦人が集まって、反戦・平和、婦人の権利、子どもの擁護について語りあい、心を合わせて行動に立ち上がることは、まさに明の抱いた母性主義の夢が、現実のものとなったことを思わせる。

結婚生活満44年記念写真　昭和33（1958）年の年賀状

昭和二八（一九五三）年六月にコペンハーゲンでひらかれた世界婦人大会に、日本から一〇名の代表が参加したのをきっかけに、明は国際民主婦人連盟副会長を引き受けることになった。

日本の婦人の声が、世界の婦人たちに大きくひびく道がひらかれた成果の一つは、世界母親大会が開催されたことである。そのきっかけは昭和二九（一九五四）年三月、ビキニ環礁で行われたアメリカの水爆実験で、第五福竜丸の乗組員が被災した事件である。婦人たちは原水爆禁止の署名運動に立ち上がり、原水爆禁止署名運動全国協議会がこの年の夏に生まれた。

このとき明は、国際民主婦人連盟あてに、同連盟の評議員丸岡秀子ら五人の連署で「全世界の婦人にあてた日本婦人の訴え――原水爆の製造、実験、使用禁止のために――」を、原水爆被害の関係資料とともに送った。この訴えが原動力となり世界母親大会の開催となって実ったのである。日本がこれに参加する中で日本母親大会を開く運動が起こり、それは昭和三〇（一九五五）年の第一回大会いらい、今日まで大きな結集体としてつづいている。

母親運動は、日本の婦人運動史上画期的なものであったと、明は大きな感動を覚えるのであった。かつての婦人運動は市民的婦人運動にせよ無産婦人運動にせよ、一部の先進的女性によって担われたものだった。だがいま、市井のあたり前の女たち、母親たちが、子どもを背負い、ふだん着のままで集まってくる、大衆的、民主的婦人運動の時代が到来したのである。明はしみじみと〈生きていてよかった〉と、たくましい婦人たちの成長に感動するのだった。

「わたしは永遠に失望しないでしょう」　明の八五年の生涯は、昭和四六（一九七一）年五月二四日夜、静かに閉じられた。ガンを病む苦痛に堪えながら、実に一糸みだれぬということばそのままの、美しい大往生であった。

自分の最後の日の近いことは十分に予感しながら、明のベッドの上での大きな関心は、折柄はじまっている四月の地方選挙の成り行きであった。開票速報がはじまると病室のテレビをつけっぱなしで、選挙の結果を見守りつづけた。このとき革新陣営の勝利に心から安堵の表情で、「よかったわねえ……」とうれしげに私に語っている。

六〇年前の青鞜社時代、ひたむきに自己解放を目ざして出発した明の人生航路がいま重い病の床にありながら、ひたすら他者の解放の上に思いをはせつつ、長い道のりの最後の日を閉じようとしていることに私は胸を衝かれた。

生涯の伴侶としてひとすじの愛をつらぬいた夫の博史は、すでに昭和三九（一九六四）年に永眠していた。二人の愛の終わりの日に近く、博史はこんな詩を作っている。

黒いといってもブリュネットの妻の髪
二人が結婚した頃はシルクのやうに
やはらかかった妻の髪
同棲五十年に日も近い今は
あらまし輝く白髪となって
一層ぬめのやうなやはらかさを加へて
何にたとへやうもない手ざはり
わたしは日にいくたび妻のこの髪に
手をふれてなでることだらう
妻の髪をなでるたびにおのれの心はなごみ
妻もやさしいまなこをわたしに向ける

妻よ、おたがひになんとしても
せめてもう十年を一層よく生きやうよ
その頃はほんたうに
世界に平和がもたらされるだらうか

世間の一部には、明が博史を選んだことにたいする否定的な見方もあるが、二人の間の愛の真情はこの詩に見られるように、最後まで変わることがなかった。暮し向きのことでは明が長いあいだ苦労する立場だったが、戦後は博史の独創的な工芸指環の作品にたいする世評が高くなり、愛好者もふえてきて、生活をまかなえるようになっていた。

旧民法下の封建的家族制度にたいする抗議の気持をこめて、明は博史との結婚をあえて「共同生活」とよび、奥村家へ入籍するという形の法的手続きをとらなかった。そのため二人の子どもは戸籍上は私生子の立場に置かれた。

その明が昭和一六（一九四一）年八月に、博史との婚姻入籍の手続きをした。二人がいっしょになって二七年目だった。当時早稲田大学理工学部に在学していた長男の敦史がいずれ卒業すれば兵役が待ち構えていて、その際、幹部候補生の試験を受けることになるので、私生子の身分がそのとき不利であろうと思ったからである。親の思想の実践の蔭で、長いあいだ母の姓を名のってきた息

安保廃棄のデモ行進をするらいてう（中央）
成城にて，昭和45（1970）年6月23日

子は、そのことでかつてなに一つ母親に苦情を言ったことはないのだった。

このときいらい彼女の戸籍名は、奥村明となった。

戦後の明の活動はくわしく語る余白がないが、永眠の日までもっとも心をくだいたのは、ベトナム戦争反対の婦人の統一行動のことだった。明の提唱によって各団体が集まり「ベトナム話合いの会」が生まれた。アメリカ本国の婦人たちや日本にいるアメリカ人兵士たちに、反戦を訴える「カードの波」運動や、ホワイト・ハウスあてにハガキを送る運動——「インドシナで核兵器を使うな」「七一年六月三〇日までに米軍はインドシナから撤兵せよ」とよびかけるなど、各婦人団体の創意ある共同行動が、この「ベトナム話合いの会」によって展開された。

一九七〇年六月二二日、日米安保条約の固定期限がきれる日を前に、明は死病となった病気の兆候に堪えながら、新宿区百人町のキリスト教矯風会館まで出かけ、丸岡秀子・深尾須磨子・野宮初枝らの人々と共に、安保廃棄を全国の婦人に訴えるアピールを発表し、記者会見に臨んだ。

さらに、六月二三日安保廃棄の全国統一行動日には、日本婦人団体連合会の人々と共にプラカードをかかげて、成城の家の付近を約一五分間デモ行進した。その姿はまさに、私が明の没後その手帳に見いだした言葉——「生きるとは行動することである」というその言葉を彷彿とさせるものであった。

明は全四巻の自伝の末尾に「わたくしは永遠に失望しないでしょう——」としるしている。それは、女性たちの力づよい連帯行動の中に最期まで身を置いた人らしく、後につづく女たちへの無限の信頼に溢れる美しい言葉ではないだろうか。

あとがき

私がらいてうとふれあいをもったのは、晩年の二〇年間ほどであった。うち約一〇年は秘書的な役目もしながら、らいてう自伝『元始、女性は太陽であった』を書き上げる仕事を手伝っている。

らいてうは一九二六（大正一五）年から成城駅前の家に住んでいたが、一九五八（昭和三三）年に北成城の新居へ移った。当時そのあたりには、畑や竹薮や農家なども点在して、武蔵野の閑寂な面影が残っていた。商店街にかこまれた前の家のまわりの喧噪《けんそう》にくらべ、ついの栖《すみか》となったその家の環境は、まことに心落ちつく静穏さであった。

駅から遠いこの家へ移ってからは、訪問者も少なくなっている。生来大きな声が出せないらいてうは、人との対座をなるたけ避けようとしていた。親しい知己かよほどの用件でないかぎり、人に会うことが辛いというふうであった。らいてうは自分のことを「婦人運動者」と言っているが、この声の障害は運動家としては、致命的であったと思われる。「それでも若いころはもうちょっと声が出ていたのだけど……」と言っていたが、彼女にとってそれは生涯にわたっての、負の因子であったにちがいない。

生前のらいてうを知る人の少ないことから、人嫌いでお高くとまっているというような印象を世間に与えているのは、彼女がつとめて人前に出ようとしなかったことが影響している。それに、寡黙な彼女との対座は、いわゆる歓談に時をすごすといったふうのものでなく、来客にはある圧迫感があったかもしれない。

私にしても出入りするようになってから、かなり長い間というもの、一種の緊張感がつきまとっていたものである。そうしたものが消えたのは、らいてうの自伝執筆の手伝いをするようになってからだった。

この稀有な女性の洗いざらいの赤裸な姿を、自伝の中に残してもらいたいと願えば、かいなでの話を交しているだけでは済まなかった。より深く彼女の胸に踏みこもうとすると、しばしば虚空に火花の散る思いを味わうことになる。今にして思えば、そうして火花を散らしながら、私のらいてうへの理解は深まったにちがいなかった。そして、ときにはらいてうの息遣いさえわがもののように思われたこともあったが、それは自分ひとりの思い過ごしだったかもしれない。らいてうに肉薄する才幹乏しい私が、どこまで彼女の実像に迫り得たか、はなはだ心もとないものがある。その意味からも私のらいてう研究は、まだ途上のものであることを、おことわりしておきたい。私としては今後まだまだらいてうとの〈対話〉を深めなければならないと考えている。

大正一四年の「婦人公論」四月号に、らいてうの人物評論が掲載されている。「新時代婦人の最

らいてうと著者　　左端は中西悟堂氏

先駆者たる平塚雷鳥女史」という見出しのもとに、らいてうを知る数人の人々が執筆している。その中で、かつての青鞜社同人であった生田花世が「優美な『生活者』」と題して「あの方はどこかから劇的といっていいか、詩人風といってよいか多分に夢想家で、唯美的で、生活享楽派で、『実よりも花』、花のやうに、鳥のやうに美しく華やかに生きてゆきたいといふ考がその心、その感情の底に、強くひそんでゐるやうに見えるだけ、十分な実際家でもないしテキパキした婦人運動者でもないし、徹底的な学者でもないし」「あの方は何といっても明治大正にかけての異色ある立派な婦人ですものを。あの優美な、凝った洋装の姿は、イギリスの伯爵夫人といったやうな感じで」と言っているのは、いかにも感覚的な評ではあるが、〈なるほど、このような印象を与えていたものか〉と、往年のらいてうを思い描く一つの手がかりにはなる。だが、このように生田花世の目に映ったらいてうの美意識は、その生涯をつらぬくものであった。

それはむろん花世が言うように「唯美的で、生活享楽派で」「花のやうに、鳥のやうに美しく華やかに生きてゆきたい」といった皮相なものではない。このらいてうの美意識と表裏の関係にあるのは、「人たる女よ、真の女人たれ」と説く彼女の婦人解放思想であった。

　らいてうはその婦人解放思想の原点に位置する「青鞜」発刊の辞の中で、「女性としてこの世に生れ来った我等の幸を心から喜びたい」と言い、さらにまた「我れ自からの努力によって我が内なる自然の秘密を曝露し、自から奇蹟たり、神秘たらむとするものだ」と言っている。女性自身が内なる目ざめによって立ち上がるのでなければ、付け焼刃の思想であっては、女性みずからが解放の主体とはなり得ないことを繰り返し説いている。婦人解放への道は、まず女性が女性であることを自覚することからはじまるという、この女性としての自己肯定には、女であることの誇りが高らかにこめられているのである。

　女に生まれた身の不運を呪詛《じゅそ》し、女の境涯から逃れようという思いはさらにないのだった。「私達は『女性』から解放されるのではなく真の『女性』として解放されねばならない」という彼女の主張は、首尾一貫してその人と思想のあり方の上につらぬかれている。

　愛し、産む性としての自己実現の一方に、社会の中に自己の場をもって働く女としての、自己実現の道を求めたらいてうは、仕事と母性、職業と家庭の両立を矛盾なく女性の上にもたらすことを、生涯念願しつづけたのであった。

戦後のらいてうの熱烈な平和への発言、民主的婦人運動への参加などにたいして、それを不可解に思う受け取り方が一部にあるようだが、それは母性と子供の権利を主張しつづけた思想の当然の帰結として彼女が到達した戦後の地点であった。

らいてうの思想は、体系的なものではないが、暗夜に婦人解放の灯を見つめてひたすら衝きすすむようにして、一貫して進歩の道を歩みつづけてきている。自己の思想を実生活の上で生ききろうとする偽りのない生き方をした点で、らいてうは美しく生きた女性というべきであろう。

この本で私が重点的にしるしたのは、らいてうの辿った八五年の足跡のほぼ前半にあたる。らいてうが戦後の民主的婦人運動、平和運動に果たした役割については機会を改めて書きたいと思う。らいてうの人と思想について、この小冊子で語り尽くすことはできなかったが、若い世代の方々が、らいてうという豊潤な女性の泉から、汲むべきものは今なお多いことが思われるのである。

平塚らいてう年譜

西暦	年号	年齢	年譜	参考事項
一八八六	明治一九		2・10、東京市麴町区三番町で、父定二郎・母光沢の三女として生まれる。本名は明。	
八七	二〇	1	父、会計検査院法調査のため、会計検査院長に随行して欧米諸国をまわる(翌年12月に帰国)。	
八九	二二	3		大日本帝国憲法発布。
九〇	二三	4	富士見幼稚園に入園。	
九二	二五	6	富士見小学校に入学。	
九四	二七	8	曙町13番地に移転。誠之小学校に転校。	日清戦争(〜九五)。
九八	三一	12	東京女子高等師範学校付属高等女学校に入学。	米西戦争。
九九	三二	13	琴、茶道などの稽古に通う。	義和団事件(〜一九〇一)。
一九〇〇	三三	14	テニスに熱中。お茶の水(高等女学校)の良妻賢母主義教育に反発し、級友と〝海賊組〟をつくる。	治安警察法公布。
〇一	三四	15	姉の孝に平塚家の養子として山中米次郎を迎える。	福沢諭吉死ぬ(一八三五〜)。
〇二	三五	16		日英同盟成立。
〇三	三六	17	東京女高師付属高等女学校卒業。日本女子大家政科	

一九〇四	明治三七	18	に入学。校長の成瀬仁蔵の「実践倫理」に心酔。大学寮生活に入る。「成瀬宗」への懐疑から、魂の彷徨はじまり、哲学書・宗教書を読みあさる。本郷教会にも出入りする。	日露戦争(～〇五)。
〇五	三八	19	人生観の探究に明けくれる一方、自活の道を求め、速記術を習得する。	ポーツマス条約調印。
〇六	三九	20	木村政子の紹介で「両忘庵」で禅の修行にはげむ。3月、日本女子大卒業。その後女子英学塾、二松学舎に通い、英語・漢文を学ぶ。7月、見性し、慧《え》薫《くん》の安名をうける。浅草の海禅寺の中原秀嶽をする。	
〇七	四〇	21	1月、成美女子英語学校に転ずる。5月、成美女子英語学校に生田長江のきもいりで閨秀文学会が生まれる。7月、閨秀文学会は打ち切られ、秋から馬場孤蝶宅で西欧文学の講話をきく。回覧雑誌に小説「愛の末日」を書く。	英・仏・露三国協商。
〇八	四一	22	1月、森田草平から「愛の末日」の批評の手紙をもらい、草平との交際深まる。3・21、家出し、草平と塩原温泉に向かう。	

一九〇九	明治四二	23	9月、信州に行く。日本禅学堂で中原南天棒老師につき参禅し、安名を受ける。正則英語学校に入学。	
一〇	四三	24	前年に続いて禅の修業を継続。生田長江宅で、思想・文芸関係の講話をきく。	大逆事件。韓国併合。
一一	四四	25	9月、「青鞜」発刊。創刊の辞「元始女性は太陽であった」を発表。このときより「らいてう」のペンネームを用いる。	辛亥革命おこる。
一二	四五	26	「青鞜」二巻四号が最初の発禁処分をうける。尾竹紅吉の入社後、ゴシップが新聞を賑わし、「新しい女」への非難高まる。夏、茅ヶ崎で奥村博と出会う。	中華民国成立。憲政擁護運動（第一次護憲運動）。友愛会創立。
一三	大正 二	27	「中央公論」に「私は新しい女である」を発表。「青鞜」にエレン＝ケイの「恋愛と結婚」を訳載しはじめる。「青鞜」三巻二号が福田英子の「婦人問題の解決」で発禁となり、同三巻四号はらいてうの「世の婦人たちに」で注意をうける。5月、『円窓より』が発禁となる。	
一四	三	28	1月、家を出て、巣鴨で博との共同生活にはいる。	第一次世界大戦(〜一八)。

一九一五	大正 四	29	「青鞜」四巻二号に「独立するに就いて両親に」を発表。「青鞜」の発行部数減少し、欠損つづく。 10月、千葉の御宿海岸に博とともに転地。 『現代と婦人の生活』刊行。 「青鞜」の発行権を伊藤野枝にゆずる。 春、長編小説「峠」を時事新報に連載しはじめる。 9月、博、肺結核発病し、茅ヶ崎の南湖院に入院。 12・9、長女曙《あけみ》生まれる。	対華二十一か条要求。
一六	五	30	南湖院の近くの借家に移転。博、博史と改名。 2月「青鞜」、六巻二号で無期休刊となる。 9月、「日蔭茶屋」事件おこる。 「中央公論」に「厄年」を発表。	工場法施行。
一七	六	31	夏、茅ヶ崎を引きあげ東京の滝野川に一戸かまえる。 9・24、長男敦史生まれる。 『現代の男女へ』刊行。	ロシア革命。
一八	七	32	田端に家を買う。 与謝野晶子と母性保護論争をはじめる。	シベリア出兵。 米騒動おこる。
一九	八	33	夏、「名古屋新聞」主催の婦人夏期講習会に講師として行き、愛知県下の繊維工場を視察。 12月、新婦人協会の趣意書発表。	普選運動さかんになる。 パリ講和会議。 三・一独立運動。

一九二〇	大正九	34	『母性の復興』『婦人と子供の権利』刊行。 3月、新婦人協会結成。対議会運動おこす。 10月、新婦人協会の機関誌「女性同盟」発刊。	五・四運動。 国際連盟成立。
二一	一〇	35	対議会活動で健康を害し、夏以後、竹岡海岸・佐久山・伊豆山などを一家とともに転地する。	ワシントン会議(〜三)。 四か国条約調印。
二二	一一	36	2月、治安警察法第五条修正案両院を通過。	全国水平社結成。
二三	一二	37	春、旅先より帰京、千駄ヶ谷に住む。	関東大震災。
二六	一五	40	成城学園の分譲地に家を新築。	
三〇	昭和五	44	成城に消費組合「我等の家」を設立、組合長となる。 『婦人の隷従』刊行。 高群逸枝らの無産婦人芸術連盟に参加。	世界恐慌はじまる。 ロンドン軍縮会議。
三一	六	45	10月、関西婦人連合会主催の婦人経済大会に出席。	満州事変おこる。
三三	八	47	消費組合運動の教育宣伝の活動を続ける。 『雲・草・人』刊行。	日本、国際連盟を脱退。
三七	一二	51		日中戦争はじまる。
三八	一三	52	「食養」を研究。	国家総動員法公布。
四一	一六	55		太平洋戦争はじまる。
四二	一七	56	茨城県の戸田井(現取手市)に疎開、農耕生活に入る。	
四五	二〇	59	4・13、空襲で曙町の家焼失。 8月、戸田井で敗戦をむかえる。	広島・長崎に原爆投下。 対日ポツダム宣言受諾。

一九四六	昭和二一	60	春、疎開先から帰京し、成城の家で敦史夫妻と同居。	11月、新憲法公布。
四七	二二	61	句作のグループに加わり、中村汀女の指導受ける。	11月、新民法公布。
四八	二三	62	3月、『母子随筆』刊行。	
四九	二四	63	世界連邦建設同盟に入会。 エスペラント語の学習をはじめる。 婦人参政功労者として、感謝状を受ける。	北大西洋条約機構調印。
五〇	二五	64	6月、講和条約締結を前に来日中のダレス特使にガントレット恒子らと連名で要望書を提出。	朝鮮戦争おこる(〜五三)。
五一	二六	65	2月、全面講和を求めて再び要望書を提出。 8月、講和草案が発表されたのに対し、「三たび非武装国日本女性の平和声明」を発表。 12月、対日平和条約・日米安全保障条約調印に対して、再軍備反対婦人委員会結成。 『われら母なれば』(らいてう・櫛田ふき共編)刊行。	サンフランシスコ講和条約調印。 日米安全保障条約調印。
五二	二七	66	1月、単独講和・安保両条約が米国上院で批准されるのに先立ち、96名の上院議員に書簡を送る。 7月、ソ連・中国に初渡航した高良とみの帰国歓迎婦人大会に出席。	日米行政協定調印。

一九五三	昭和二八	67	3月、世界婦人大会参加のよびかけを行う。 4月、日本婦人団体連合会を結成、会長となる。 12月、第2回日本婦人大会で、国際民主婦人連盟副会長就任を発表。	朝鮮戦争休戦協定調印。
五四	二九	68	10月、「全世界の婦人にあてた日本婦人の訴え」を発表。世界母親大会開催の原動力となる。 12月、母の光沢、死去(91歳)。	ジュネーヴ協定調印。
五五	三〇	69	2・10、古稀をむかえる。 4月、『わたくしの歩いた道』刊行。 11月、下中弥三郎の主唱による世界平和アピール七人委員会のメンバーとなる。 12月、婦団連の会長を辞任、名誉会長となる。	アジア・アフリカ会議。
五六	三一	70	「婦人公論」に奥村博史の自伝小説『めぐりあい』を掲載。9月に単行本として刊行。	スエズ動乱。 ハンガリー暴動。 日ソ共同宣言。
五八	三三	72	7月、成城の北の新居に移る。	
六〇	三五	74	5月、博史と福島の岳温泉に旅行。最後の二人の旅行となる。	安保反対闘争激化。 日米新安全保障条約調印。
六一	三六	75	「青鞜」五〇周年に際し、物故社員の慰霊を行う。	
六二	三七	76	4月、姉の孝、死去。	キューバ危機。

一九六四	昭和三九	78	10月、新日本婦人の会結成、代表委員となる。 11月、婦選会館理事となる。 2月、奥村博史、死去。	中ソ対立表面化。
六六	四一	80	5月、岡山市に建立された福田英子記念碑に英子の自伝の一節を揮毫。 5月、ベトナム戦争終結のために「ベトナム話合いの会」をおこし、「全日本婦人への訴え」を発表。「カードの波」運動ほかの行動をおこす。	
六七	四二	81	5月、新日本婦人の会代表委員辞任、顧問となる。	第三次中東戦争。
七〇	四五	84	6月、「安保条約の固定期限のおわる六月二十二日にあたって訴える」の声明を、市川房枝・植村環らとともに行う。 7月、世界婦人大会で国際協同行動としてきまった「ベトナム母と子保健センター」設立運動の国内へのよびかけを行う。 8月、千駄ヶ谷の代々木病院に入院。いったん退院後、11月に再入院。	日米安保条約自動延長。 公害対策基本法改正。
七一	四六	85	5・24、死去。	沖縄返還協定調印。 中華人民共和国、国連加盟。

参考文献

『元始、女性は太陽であった』（平塚らいてう自伝）全四巻――――――大月書店　一九七一～七三
『むしろ女人の性を礼拝せよ』（平塚らいてう新性道徳論集）――――人文書院　一九七七
『評伝平塚らいてう――愛と反逆の青春』小林登美枝著――――――大月書店　一九七七
『平塚らいてう著作集』全六巻――――――――――――――――――大月書店　近刊

なお、本文中の図版については、奥村敦史氏のご承諾を得て多くは大月書店の『元始、女性は太陽であった』より転載させて頂いた。

さくいん

【人名】

安部磯雄……九四・一二四
阿部次郎……一二一・一二六・一二八
荒木郁子……一一九・一二一
有島武郎……九三・一七五
生田長江……五五・五八・七〇・七三・七四・
七八・八五・八九・九〇・一二一・一二七・一三三
生田花世（長曽我部菊子・西崎花世）……
八五・一二一・一三三・一四七・二二二・二三三
石川三四郎……九四・九五
石川啄木……一一〇
市川房枝……
一七〇・一七八・一八〇・一八一・一九五
市原次恵……一二四
伊藤野枝……一二一・一二三・一二七・一四五・
一四八～一五一・一五五・一八五・一八六
井上秀子……四二・四七
イプセン……一二三～一二五
岩野清子……
一二一・一二三・一二七・一四五・一四七
岩野泡鳴……一二六・一二八・一三三
上杉慎吉……一三三
上野葉子……一一四・一二一・一三三
上原喜勢……一二四
植村　環……二〇一
ウォード……一二一・一五〇
海老名弾……四八
大杉　栄……一四九・一五一・一五三・一八五
大山郁夫……一七五
岡田八千代……九二
岡本かの子……一二一・一二八
尾竹紅吉（富本一枝）……
八三・九七・一一七・一一八・一二一・一二三・
一三五・一三六・一四七
尾竹竹坡……八三・一一八
奥村博（博史）……一三五～一四二・
一四五・一五一・一五五・二〇六・二〇七
――曙生……一五一・一八四・一八六
――敦史……一五六・一八六・一九四
加藤籌子……九二
加藤みどり（緑）……
一一五・一二一・一三三
神近市子……一二〇・一二三・一五三
河田嗣郎……一二三・一二四
ガントレット恒子……二〇一
木内錠子……八七
木村政子……四九・五七・六七・六八・七八
国木田治子……九二
クロポトキン……一八九
ケイ、エレン……一二一・一二四・
一四四・一五〇・一五五～一六二・一九八
小金井喜美子……九二
小林　郁……三四・六〇・七六
小林哥津……一二一・一三三・一四七
コント……四七
堺　利彦……九四
佐藤春夫……一三三
志賀直哉……九三
島崎藤村……五八
島村抱月……一二八
釈　宗活……五〇
シュライネル、オリーブ　一二一
ショウペンハウアー……四六
スピノザ……四六
瀬沼夏葉……一二一
高村光太郎……一二八
高群逸枝……一九〇
高良とみ……二〇一・二〇二
ダヌンチオ……五九
ダレス……二〇一
チェホフ……一二一
津田梅子……五四・二一〇
綱島梁川……四八・四九
坪内逍遥……一二三・一二六
ドストエフスキー……五九
永井柳太郎……一九四
中島（岸田）俊子……四・九四
永田その……一二四
長沼ちゑ（高村智恵子）
……九七・一二一
中野初子……八三・八七・一一八
中原秀嶽……五六・五七・六一・七六・七九
夏目漱石……五八・七四
成瀬仁蔵……四一～四四・四六
新妻　莞……一二七

西村陽吉……一三一・一三四〜一三六
ニーチェ……四六・四七
野上弥生子……三一・二〇一
野宮初枝……二〇九
長谷川時雨……九二
長谷川如是閑……一七五
馬場孤蝶　五八・七四・一二七・一二八・一三三
原田琴子……三一・一三一
平塚家
　定二郎（父）……
　　一三〜一八・二五〜三〇・三七〜四〇・
　　七〇・七一・七四〜七六・一二六
　孝（姉）……一三・一六・二一・
　　二七・三〇・三八・四五・八六・一二八
　光沢（母）……
　　一三・一四〜一九・二六・四〇・七〇・七一・
　　七五・八六・八七・一二八
深尾須磨子……二〇九
福田英子……四・九四・九五・一二六
ヘーゲル……四六・四七
星　亨……二五
積穂八束……三三
松井須磨子……一二一・一二四・一三三
丸岡秀子……二〇四・二〇八
三ケ島葭子……八五・一三一
宮崎　光……一三三
ミル……一二四
武者小路実篤……九三
物集和子……八七・八八・九六
森　鷗外……九〇
森しげ女……九二
森田草平……五八・六〇〜六七・
　六九・七〇・七四・七六・七七・八四
モンタギュー夫人……九〇〜九二
矢島楫子……四
安田（原田）皐月
　……一三一・一四七・一五五
保持研子……八六・一〇〇・
　一一五・一二一・一二七・一三四・一三五・一四五
山川菊栄……
　三〇・五八・一六〇・一六四〜一六六
山田わか……一三一・一七〇
山中米次郎……三八・八六
与謝野晶子……四・五八・九二・
　九七〜一〇〇・一一一・一二一・一五六・
　一六〇〜一六五
ロエスレル……二四

【事　項】

「愛の末日」……五九・六〇・六三
「新しい女」……
　八二・一一六・一一八・一一九・一二一・
　一二五・一三〇・一三一・一五二
欧化政策……一五・一七
大阪事件……九四
「お茶の水女学校」……二九〜三四
海禅寺……五六・七八
「海賊組」……三四〜三六
韓国併合……一〇九・一一〇
関東大震災……一八四・一八五
教育勅語……一三・二四〜二六・三三・三六
閨秀文学会……五八・七四・九八
「元始女性は太陽であった」
　（「青鞜」創刊の辞）
　……三・五・八四・八八・一七六
『元始、女性は太陽であった』（自伝）……七・四六・
　五二・九〇・一〇四・一二七・一八七・二一〇
憲法発布……一五・二三
高等女学校令……一〇八
講和問題……二〇〇・二〇一
国際民主婦人連盟……二〇三・二〇四
国粋主義……二三・二六
国民新聞……八二・一一六
米騒動……一六八・一七一
「番紅花」……一三三
塩原事件……四三・六四・七六・
　七八・七九・八七・一〇一・一〇三・一二六
社会主義……九四・一一〇・一六六
集会及政社法……二四
衆議院議員選挙法……二三
　——改正……一九四
自由民権運動……二四・九四
女権主義……一六六
女子英学塾……五四・五五・一〇八
『女子教育』……四一
「女子文壇」……八五・八六・一二九
「処女の真価」……八〇
「女性同盟」……一七五・一七六
「白樺」……九三・一二九
新詩社……五八
「新小説」……一二九
「新人」……四五・四八
新日本婦人同盟……一九五

新婦人協会………二四・一七一〜一七六・一七八〜一八四・一八六・一八七・一九四
「聖書の研究」………四五
正則英語学校………七八
「青鞜」…四・七三・八二〜八四・八六〜九七・一〇九〜一一九・一二一〜一二四・一二八〜一三四・一三七・一四一・一四四〜一五三・一五四・一六〇・一八五・二一三
青鞜社………八二・九六・一二六〜一三三・一三六〜一三八・一三三〜一三四・一四五
成美女子英語学校…五五・五六・五八
世界母親大会………二〇四
「世界婦人」………九四・九五
世界婦人大会………二〇三・二〇四
世界連邦建設同盟…一九九・二〇〇
禅………四六・五四・五六・一〇四・一〇五
「そぞろごと」四・九六・一〇〇・一一一
大逆事件………八四・八五・一一〇
第五福竜丸………二〇四
大日本帝国憲法………三二・三三
「太陽」………一三二・一六〇
治安警察法…二四・一七一・一七三・一八二
『智恵子抄』………九七
「中央公論」………一三二
朝鮮戦争………二〇一
帝国主義………一一〇
東雲堂……一二六・一二八・一三四・一四六
東京朝日新聞………七三・七八
東京共働社………一九〇
東京日日新聞………一八七
「扃ある窓にて」………一二九
南湖院………一二四・一五一
日米安保条約………二〇二・二〇八
日露戦争………六八・八四・一〇九
日清戦争………二七・二八
日本国憲法………一九六
日本女子大学………四〇・七三
日本婦人団体連合会………二〇二・二〇三・二〇九
『人形の家』………一一三・一一四
『煤煙』………六三・七八
日蔭茶屋事件………一五三
ファシズム………一九一
「婦人公論」………一六〇・一六二
婦人参政権運動………一七二
婦人参政権獲得期成同盟（婦選獲得同盟）………一八二・一八六・一九五
普通選挙法………一八六
ブルー・ストッキング 九〇・九一
文芸協会………一二三
平民社………九四
平和主義………一七八・一九八
母性主義………一五一・一五九・一六六・一七六・一九八・二〇三
『母性の復興』……一五八・一六〇
母性保護論争………一五六・一六二・一六四・一七五
「円窓より」…一二八・一二九・一四七
「明星」………七八
『めぐりあい』……一三五・一四一
「六合雑誌」………四五
両忘庵………五〇
レッドパージ………二〇一
「恋愛と結婚」一四四・一五八・一六〇
鹿鳴館時代………一五
『妾の半生涯』………九五

平塚《ひらつか》らいてう■人と思想71　　定価はカバーに表示

1983年２月10日　第１刷発行©
2015年９月10日　新装版第１刷発行©

・著　者 ……………………………… 小《こ》林《ばやし》登《と》美《み》枝《え》
・発行者 ……………………………… 渡部　哲治
・印刷所 ……………………………… 広研印刷株式会社
・発行所 ……………………………… 株式会社　清水書院

〒102-0072　東京都千代田区飯田橋3-11-6
Tel・03(5213)7151～7
振替口座・00130-3-5283
http://www.shimizushoin.co.jp

検印省略
落丁本・乱丁本は
おとりかえします。

CenturyBooks

Printed in Japan
ISBN978-4-389-42071-0

CenturyBooks

清水書院の〝センチュリーブックス〟発刊のことば

近年の科学技術の発達は、まことに目覚ましいものがあります。月世界への旅行も、近い将来のこととして、夢ではなくなりました。しかし、一方、人間性は疎外され、文化も、商品化されようとしていることも、否定できません。

いま、人間性の回復をはかり、先人の遺した偉大な文化を継承して、高貴な精神の城を守り、明日への創造に資することは、今世紀に生きる私たちの、重大な責務であると信じます。

私たちがここに、「センチュリーブックス」を刊行いたしますのは、人間形成期にある学生・生徒の諸君、職場にある若い世代に精神の糧を提供し、この責任の一端を果たしたいためであります。

ここに読者諸氏の豊かな人間性を讃えつつご愛読を願います。

一九六七年

SHIMIZU SHOIN